भारत रत्न
डॉ. भीमराव आंबेडकर

भारत रत्न
डॉ. भीमराव आंबेडकर

पंकज किशोर

प्रकाशक

प्रभात प्रकाशन प्रा. लि.

4/19 आसफ अली रोड, नई दिल्ली-110002

फोन : 23289777 • हेल्पलाइन नं. : 7827007777

इ-मेल : prabhatbooks@gmail.com ❖ वेब ठिकाना : www.prabhatbooks.com

संस्करण

2025

मूल्य

चार सौ रुपए

मुद्रक

आर-टेक ऑफसेट प्रिंटर्स, दिल्ली

—————— ★ ——————

Bharat Ratna DR. BHIMRAO AMBEDKAR
biography by Shri Pankaj Kishore

Published by **PRABHAT PRAKASHAN PVT. LTD.**
4/19 Asaf Ali Road, New Delhi-110002

ISBN 978-93-86300-94-2

₹ 400.00

अनुक्रम

1
बचपन और शिक्षा

भीमराव रामजी आंबेडकर का जन्म इंदौर (म.प्र.) के महू छावनी में 14 अप्रैल, 1891 को हुआ था। वह अपने माता-पिता की चौदहवीं संतान थे। उनके तेरह भाई-बहनों में सिर्फ चार कन्याएँ और दो पुत्र ही जीवित रहे। भीमराव आंबेडकर के पिता का नाम रामजी मालोजी सकपाल था और माँ का नाम भीमाबाई था। भीमराव का परिवार जिला रत्नागिरी के मंडणगढ़ के गाँव आंबेडकर का था। वे महार जाति के थे, जो महाराष्ट्र की एक ऐसी जाति है, जिसका इतिहास शौर्य और पराक्रमपूर्ण गाथाओं से भरा पड़ा है। इस जाति के कुछ लोग मृत पशुओं का चमड़ा आदि निकालने का काम किया करते थे।

डॉ. आंबेडकर के दादा मालोजी सकपाल भारतीय फौज से हवलदार के पद से सेवानिवृत्त हुए थे। उनके पिता रामजी फौजी बच्चों के लिए चलाए जानेवाले एक आर्मी स्कूल के 14 वर्ष तक प्रधानाध्यापक रहे। जब रामजी मध्य प्रदेश के महू छावनी में कार्यरत थे, तभी उनके सबसे प्रतिभाशाली पुत्र भीमराव का जन्म हुआ। सब उन्हें प्यार से 'भीवा' पुकारते थे।

भीमराव के पिता रामजी सूबेदार सेना से 25 वर्ष की सेवा के

बाद 1893 में सेवानिवृत्त हुए। वे परिवार सहित अपने पैतृक गाँव आंबावडे के पास दापोली आकर रहने लगे। जब भीवा छोटे बच्चे ही थे, तो वह बच्चों के साथ बहुत शरारतें किया करते थे। कभी वह पेड़ों पर चढ़ जाया करते थे तो कभी बच्चों के साथ झगड़ा किया करते थे। हर रोज लोग भीवा की कोई-न-कोई शिकायत लेकर आते थे; पर भीवा इन सबसे अनजान अपने बचपन में खोए रहते थे। उन्हें नहीं पता था कि भविष्य में उसके साथ क्या होगा?

भीवा का जीवन बाधाओं से भरा हुआ था। ऐसी ही पहली बाधा वर्ष 1894 में आई। दापोली के म्यूनिसिपल शिक्षण विभाग ने यह तय किया कि वह अपने विद्यालय में अछूत बालकों को दाखिला नहीं देंगे। रामजी और अन्य सेवानिवृत्त सैनिकों ने इस अन्याय के लिए आवाज उठाई, पर उन्हें इसमें सफलता नहीं मिली। आखिरकार रामजी को अपने परिवार के साथ बंबई जाना पड़ा। बंबई में रामजी जैसे व्यक्ति के लिए जीवन आसान नहीं था, खास कर तब जब वह रामजी जैसा बेरोजगार और सेवानिवृत्त अछूत व्यक्ति हो। फौजी होने के कारण उन्हें किसी तरह एक 'स्टोरकीपर' के रूप में पी.डब्ल्यू.डी. के सतारा दफ्तर में काम मिल गया।

भीमराव की औपचारिक शिक्षा 7 नवंबर, 1900 से प्रारंभ हुई। सतारा के उच्च माध्यमिक विद्यालय में उन्हें दाखिला बहुत कठिनाइयों के बाद मिला। उन दिनों कोई भी अछूत बच्चों को दाखिला देना नहीं चाहता था। इस विद्यालय में भी भीवा को इस शर्त पर दाखिला मिला कि वह कक्षा में अन्य बच्चों के साथ 'बेंच' पर नहीं बैठेगा।

भीमराव की औपचारिक शिक्षा 7 नवंबर, 1900 से प्रारंभ हुई। सतारा के उच्च माध्यमिक विद्यालय में उन्हें दाखिला बहुत कठिनाइयों के बाद मिला। उन दिनों कोई भी अछूत बच्चों को दाखिला देना नहीं चाहता था। इस विद्यालय में भी भीवा को इस शर्त पर दाखिला मिला कि वह कक्षा में अन्य बच्चों के साथ 'बेंच' पर नहीं बैठेगा। उसे दरवाजे पर अपनी लाई चटाई पर बैठना होगा। यह शर्त बहुत अपमानपूर्ण थी, पर भीवा के पिता ने उन्हें समझाया कि सिर्फ पढ़ाई ही उनके इन

सब दु:खों का एकमात्र निवारण है। उन्हें इस तरह की रुकावटों पर ध्यान न देकर केवल अपनी पढ़ाई पर ध्यान लगाना चाहिए। पर भीवा को हर रोज मुश्किलों का सामना करना पड़ता था। अकसर वह रो पड़ता, क्योंकि यह मुश्किलें सहना आसान नहीं था। आखिर वह छोटा बच्चा ही तो था। एक बार एक संवेदनशील अध्यापक ने उससे एक 'सिद्धांत' श्यामपट्ट पर हल करने को कहा। पर कई बच्चों ने इसका विरोध किया। जब अध्यापक इस विरोध का कारण नहीं समझ पाए तब उन बच्चों ने अपने विरोध की वजह बताते हुए कहा कि एक 'महार' उस श्यामपट्ट पर कैसे लिख सकता है, जिसके पास उनके खाने के डिब्बे रखे हैं। भीवा को श्यामपट्ट पर तभी लिखने दिया गया जब बच्चों ने वहाँ से अपने खाने के डिब्बे हटा लिए। इस घटना का बालक भीवा के मन पर गहरा असर हुआ।

> *सतारा हाई स्कूल के प्राचार्य बहुत ही सज्जन व्यक्ति थे। वह एक ब्राह्मण थे, पर उन्होंने जातिभेद की परवाह न करते हुए अछूत बालक को अपने विद्यालय में दाखिला दिया। वह हमेशा भीवा को प्रोत्साहित किया करते थे। जब भीवा घर भोजन करने नहीं जा पाता था, वह उसे स्वयं लाकर खाना खिलाते थे, जिसे वह खास तौर पर उसके लिए ही लाते थे।*

सतारा हाई स्कूल के प्राचार्य बहुत ही सज्जन व्यक्ति थे। वह एक ब्राह्मण थे, पर उन्होंने जातिभेद की परवाह न करते हुए अछूत बालक को अपने विद्यालय में दाखिला दिया। वह हमेशा भीवा को प्रोत्साहित किया करते थे। जब भीवा घर भोजन करने नहीं जा पाता

था, वह उसे स्वयं लाकर खाना खिलाते थे, जिसे वह खास तौर पर उसके लिए ही लाते थे। उन्होंने ही उसे 'आंबेडकर' उपनाम दिया, जो भीमराव के नाम के बाद लगा। उस उपेक्षित बालक के लिए यह एक सद्भावनापूर्ण दुर्लभ कार्य था, जिसे वह जीवन भर नहीं भूला।

सतारा में भीवा को बहुत सी कठिनाइयों का सामना करना पड़ा। कोई भी नाई उसके बाल नहीं काटता था, क्योंकि वह अछूत था। एक बार डॉ. आंबेडकर के पिता सूबेदार रामजी को गोरे गाँव क्षेत्र के सूखाग्रस्त इलाके में सहायता के लिए भेजा गया। सूखे के कारण स्कूल बंद हो गए थे। भीमराव अपने भाई आनंदराव के साथ उस कैंप में गया, जहाँ उसके पिता कार्यरत थे। वह गोरे गाँव रेलगाड़ी से पहुँचे। पर वह इलाका जहाँ उसके पिता कार्यरत थे, स्टेशन से बहुत दूर था। उन्होंने जो बैलगाड़ियाँ वहाँ जा रही थीं, उनसे मदद माँगी; पर कोई भी बैलगाड़ीवाला अछूत बालकों को अपनी गाड़ी में ले जाने को तैयार नहीं हुआ। आखिर में एक गाड़ीवाला उन्हें ले जाने को तैयार हुआ, वह भी इस शर्त पर कि गाड़ी वे चलाएँगे और वह पीछे बैठकर आराम करेगा। भीवा को डेढ़ दिन तक बैलगाड़ी चलानी पड़ी, वह भी प्यासे रहकर, क्योंकि अछूत जाति के लोग गाँव के कुओं से पानी नहीं पी सकते थे। दोनों भाई पूरी तरह से थके हुए पिता के कैंप तक पहुँचे।

सतारा में भीवा को बहुत सी कठिनाइयों का सामना करना पड़ा। कोई भी नाई उसके बाल नहीं काटता था, क्योंकि वह अछूत था। एक बार डॉ. आंबेडकर के पिता सूबेदार रामजी को गोरे गाँव क्षेत्र के सूखाग्रस्त इलाके में सहायता के लिए भेजा गया। सूखे के कारण स्कूल बंद हो गए थे।

सूबेदार रामजी फिर से बंबई में अपने परिवार के साथ लोअर परेल स्थित डबल चाल में किराए पर कमरा लेकर रहने लगे। अब तक भीवा ने चौथी कक्षा पास कर ली थी। बंबई में भीवा का दाखिला एक सरकारी स्कूल में हुआ, जिसका नाम 'एलफिंस्टन उच्चतर विद्यालय' था। जब भीवा की उम्र छह वर्ष की थी, उनकी माता का देहांत हो गया। भीवा के पिता को नौकरी और बच्चों के पालन-पोषण में बहुत दिक्कत होने लगी। उन्होंने जिजाबाई नाम की एक विधवा से दुबारा विवाह कर लिया। जब वह बंबई रहने आए तो बालक भीवा इस 'नए व्यक्ति' का आना अपने और अपने पिता के बीच स्वीकार नहीं कर पाया। वह अपने पिता का पूरा प्यार और ध्यान चाहता था। जब वे अपनी सौतेली माँ को अपनी माँ के गहने पहने देखता तो बहुत क्षोभ होता था। रोज-रोज के झगड़ों से परेशान होकर एक दिन भीवा घर छोड़कर भाग गया। लेकिन वह जल्दी ही वापस लौट आया, क्योंकि वह जान गया था कि बाहरी दुनिया उसके घर के माहौल से अधिक खराब थी। अब वह अपना पूरा ध्यान अपनी पढ़ाई पर देने लगा। वह चारनी रोड के बाग में जाकर किताबें पढ़ता। उसके अध्यापक श्री कृष्णाजी केलुस्कर भी उस बाग में आया करते थे। वह बालक भीवा की लगन से बहुत प्रभावित हुए। वह भीवा से बातचीत करते और कई मूल्यवान् सुझाव देते।

सूबेदार रामजी फिर से बंबई में अपने परिवार के साथ लोअर परेल स्थित डबल चाल में किराए पर कमरा लेकर रहने लगे। अब तक भीवा ने चौथी कक्षा पास कर ली थी। बंबई में भीवा का दाखिला एक सरकारी स्कूल में हुआ, जिसका नाम 'एलफिंस्टन उच्चतर विद्यालय' था।

डॉ. आंबेडकर ने सन् 1908 में मैट्रिक की परीक्षा उत्तीर्ण कर ली। वह 'महार' जाति का पहला बच्चा था, जिसने यह परीक्षा उत्तीर्ण की। महार जाति के लोग, जो उसकी चाल के पास रहते थे, उन्होंने उसकी इस उपलब्धि पर उसे बधाई दी। प्रसिद्ध समाज-सुधारक और मराठी के लेखक श्री ए.के. केलुस्कर ने भीवा को गौतम बुद्ध पर मराठी में लिखी एक पुस्तक 'लाइफ ऑफ गौतम बुद्ध' भेंट की, जो उन्होंने स्वयं लिखी थी। उन्होंने उसके लिए बीस रुपए मासिक का वजीफा भी दिलवाया। यह वजीफा उसे बड़ौदा के महाराज और शिक्षाप्रेमी श्री सयाजीराव गायकवाड़ ने आगे की शिक्षा के लिए दिया था।

डॉ. आंबेडकर ने सन् 1908 में मैट्रिक की परीक्षा उत्तीर्ण कर ली। वह 'महार' जाति का पहला बच्चा था, जिसने यह परीक्षा उत्तीर्ण की। महार जाति के लोग, जो उसकी चाल के पास रहते थे, उन्होंने उसकी इस उपलब्धि पर उसे बधाई दी।

भीमराव आंबेडकर का विवाह रमाबाई से हो गया। रमाबाई भीखू वणंदकर की पुत्री थी। इस समय उनकी उम्र सत्रह वर्ष की थी और उनकी पत्नी केवल दस वर्ष की थी। विवाह के बाद उन्हें 'भीमा' कहा जाने लगा।

एलफिंस्टन कॉलेज में अधिकतर रईस छात्र पढ़ा करते थे। भीमा अपने प्रोफेसरों में बहुत लोकप्रिय थे। अंग्रेजी और फारसी भाषा का अच्छा ज्ञान था। अंग्रेजी के प्रोफेसर म्यूलर भीमा के इतने करीब थे कि उन्होंने भीमराव को पहनने के लिए अपनी शर्ट भी दी। वर्ष 1912 में भीमा ने डिग्री प्राप्त की। उन्हें 750 में से 282 अंक प्राप्त हुए। वह प्रथम स्थान नहीं प्राप्त कर पाए, फिर भी उस व्यक्ति के

लिए, यह एक बड़ी उपलब्धि थी जो गरीबी और जातिगत भेदभाव के बीच बड़ा हुआ हो। सब लोग बहुत प्रसन्न थे। भीमा अपने पिता के उन सहयोगों और बलिदानों को कभी नहीं भूले, जो उसके पिता ने उनकी शिक्षा के लिए किए।

□

2

पहली नौकरी और अमेरिका के लिए प्रस्थान

जिन दिनों डॉ. आंबेडकर ने स्नातक की परीक्षा उत्तीर्ण कीउन दिनों उनके पिता का स्वास्थ्य खराब चल रहा था। उन्हें बुखार हो गया था। उन्होंने महसूस किया कि अब समय आ गया है कि वह अपने पिता के बलिदानों का कर्ज चुकाएँ। उन्होंने तय किया कि वह नौकरी करेंगे। वह बंबई स्थित महाराजा के ऑफिस में गए। यह वही महाराजा थे, जिन्होंने उन्हें वजीफा दिया था। डॉ. आंबेडकर ने बड़ौदा की फौज में लेफ्टीनेंट की नौकरी कर ली। अभी नौकरी करते हुए उन्हें कुछ ही दिन हुए थे कि उन्हें अपने पिता की बीमारी का तार मिला। वह जान गए कि उनके पिताजी कुछ ही दिनों के मेहमान हैं, पर उन्हें छुट्टी नहीं मिली। उन्हें नौकरी करते हुए पंद्रह दिन ही तो हुए थे। उन्होंने अपनी नौकरी से इस्तीफा दे दिया और पिताजी से अंतिम मुलाकात के लिए चल दिए। उनके पिताजी की आत्मा भी मानो केवल अपने भीवा की ही प्रतीक्षा में थी। रामजी का निधन 2 फरवरी, 1913 को हो गया।

पिता की मृत्यु डॉ. आंबेडकर के लिए गहरा सदमा थी। अब

उनके ऊपर अपने बड़े परिवार की जिम्मेदारी भी आ गई। उस वक्त उनके पास नौकरी नहीं थी। तभी उन्हें पता चला कि बड़ौदा के महाराजा कुछ कुशाग्र बुद्धि छात्रों को कोलंबिया विश्वविद्यालय (अमेरिका) में आगे पढ़ने के लिए खर्च देते हैं। गुरु केलुस्कर ने उन्हें प्रोत्साहित किया कि वह इस वजीफे के लिए आवेदन करें। डॉ. आंबेडकर महाराजा से और मदद लेने को तैयार नहीं थे; पर उनके पास कोई और रास्ता भी नहीं था। अध्ययन के लिए उन्हें

लिखित में देना पड़ा कि अपनी पढ़ाई पूरी करने के बाद वह बड़ौदा राज्य में दस वर्ष तक कार्य करेंगे।

सन् 1913 की 21 जून को डॉ. आंबेडकर यू.एस.ए. पहुँचे। उन्होंने कोलंबिया विश्वविद्यालय में दाखिला लिया, जहाँ वे हार्टले हॉल रेजीडेंसी में रहने लगे। बाद में वे वहाँ के कॉस्मोपॉलिटन क्लब 564 पश्चिम, 114 स्ट्रीट में रहने लगे जहाँ कुछ भारतीय विद्यार्थी भी रहते थे। अंत में वह लिविंग स्टोन हॉल रेजीडेंसी में रहने लगे, जहाँ उनकी एक पारसी रूम पार्टनर नवल भथेना से मुलाकात हुई, जो आजीवन उनके मित्र रहे।

यू.एस.ए. में रहना डॉ. आंबेडकर के लिए काफी राहत भरा था। यहाँ कोई उनकी अछूत जाति के बारे में सवाल नहीं करता था। उन्हें हर तरह की आजादी थी। वह सिनेमा देख सकते थे, खा-पी सकते थे, जो भी उनकी इच्छाएँ थीं, वह सब कर सकते थे; पर उनके पास न पैसा था और न ही इच्छा कि इन बेकार की चीजों के पीछे भागें।

यू.एस.ए. में रहना डॉ. आंबेडकर के लिए काफी राहत भरा था। यहाँ कोई उनकी अछूत जाति के बारे में सवाल नहीं करता था। उन्हें हर तरह की आजादी थी। वह सिनेमा देख सकते थे, खा-पी सकते थे, जो भी उनकी इच्छाएँ थीं, वह सब कर सकते थे; पर उनके पास न पैसा था और न ही इच्छा कि इन बेकार की चीजों के पीछे भागें। वह सिर्फ अपनी पढ़ाई पर ध्यान देने लगे। अपने वजीफे का एक भाग वह भारत में अपनी पत्नी को भेजने लगे, जिसे उनके बड़े परिवार को अकेले ही सँभालना पड़ रहा था।

डॉ. आंबेडकर तभी खाना खाते जब उन्हें भूख लगती; फिर भी वह अच्छे स्वस्थ शरीर को पाने लगे, क्योंकि वह नियमित रूप से व्यायाम करते थे। अमेरिकी लोग उनके आकर्षक शरीर से बहुत प्रभावित होते थे। अमेरिका के अनुकूल वातावरण ने उनमें और भी कई चीजों का विकास किया। उनमें भाषागत कौशल आया एवं उनके दृष्टिकोण में विकास आया। एक बार उन्होंने कहा था, "हमें इस भाग्यवादी विचारधारा को अस्वीकार कर देना चाहिए कि बच्चों को जन्म देनेवाले माता-पिता ही अपने बच्चों के कार्यों के लिए उत्तरदायी नहीं हैं, बल्कि हमें इस अवधारणा को अपने मस्तिष्क की गहराई में बैठा लेना चाहिए कि माता-पिता ही अपने बच्चों के भविष्य के लिए उत्तरदायी हैं। अगर लड़कियों को भी अपने भाइयों के साथ शिक्षित किया जाए तो हम शीघ्र ही उन्नति करेंगे।"

हमें इस भाग्यवादी विचारधारा को अस्वीकार कर देना चाहिए कि बच्चों को जन्म देनेवाले माता-पिता ही अपने बच्चों के कार्यों के लिए उत्तरदायी नहीं हैं, बल्कि हमें इस अवधारणा को अपने मस्तिष्क की गहराई में बैठा लेना चाहिए कि माता-पिता ही अपने बच्चों के भविष्य के लिए उत्तरदायी हैं।

जॉन ड्यूई, जेम्स हावे शॉटवेल, एडविन सेलिंगमेन, जेम्स हारवे रॉबिंसन, फ्रेकनि गिडीग्ज और अलेक्जेंडर गोल्डन वेजर जैसे वरिष्ठ प्रोफेसरों का आंबेडकर पर गहरा प्रभाव पड़ा। वह जॉन ड्यूई के बहुत करीब और उनसे प्रभावित भी थे। बाबा साहब डॉ. आंबेडकर ने इतिहास, समाज-शास्त्र, मानव-शास्त्र, दर्शन-शास्त्र, मनोविज्ञान और अर्थशास्त्र जैसे विषयों का अध्ययन किया। उनके अध्ययन का विषय हमेशा

भारतीय विषय-वस्तु ही रही है। एम.ए. में उन्होंने शोध का पर्चा 'एडमिनिस्ट्रेशन ऐंड फायनांस ऑफ ईस्ट इंडिया कंपनी' पर लिखा और पी-एच.डी. में उनके शोध का विषय था 'दि इवोल्यूशन ऑफ प्रॉविंशियल फायनांस इन ब्रिटिश इंडिया'। वर्ष 1915 में उन्होंने एम.ए. किया और 1916 में पी-एच.डी. की डिग्री कोलंबिया विश्वविद्यालय से प्राप्त की।

बाबा साहब के लिए अस्पृश्यता और गोरे-काले का रंगभेद दो अलग-अलग विषय थे।

इस समय भारत का स्वतंत्रता आंदोलन जोरों पर था। जब लाला लाजपत राय स्वतंत्रता आंदोलन के लिए समर्थन प्राप्त करने अमेरिका आए तब उन्होंने बाबा साहब से भी स्वतंत्रता संग्राम में भाग लेने का आग्रह किया था, पर बाबा साहब ने उनका यह प्रस्ताव अस्वीकार कर दिया, क्योंकि वह पहले अपनी पढ़ाई पूरी करना चाहते थे। बाबा साहब के अनुसार, "भारत के हरिजन अपने मूलभूत अधिकारों के लिए लड़ रहे हैं। उनके लिए यह जातिगत मतभेद की लड़ाई भारत की स्वतंत्रता की लड़ाई से कम महत्त्वपूर्ण नहीं है।" लाला लाजपत राय ने उनकी मजबूरी को समझा और दोबारा उनसे आग्रह नहीं किया। बाबा साहब ने अमेरिका में तीन महत्त्वपूर्ण वर्ष बिताए, जो ज्ञान उन्होंने वहाँ रहकर प्राप्त किया, उसने आगे चलकर उनके व्यक्तित्व के निर्माण में एक बड़ा योगदान दिया।

□

3
भारत वापसी

बाबा साहब डॉ. भीमराव आंबेडकर कानून और राजनीति-विज्ञान का अध्ययन करना चाहते थे। इसलिए उन्होंने लंदन जाने का निर्णय लिया, जहाँ कानून की पढ़ाई के लिए ग्रेज इन्न तथा अर्थशास्त्र की पढ़ाई के लिए लंदन के इकोनॉमिक्स एंड पोलिटिकल साइंस यूनिवर्सिटी में अपना दाखिला लिया। इसी बीच उन्होंने बड़ौदा के कोषाध्यक्ष को पत्र लिखा कि उनका मासिक वजीफा उनके लंदन के पते पर भेजा जाए। पर वहाँ के अफसर लोग उनका वजीफा बढ़ाने को तैयार नहीं थे। उनसे तुरंत भारत वापस आने को कहा गया।

डॉ. आंबेडकर इन नए हालातों से उदास हो गए और बेमन से उन्होंने अपना सामान 'थॉमस कुक एंड संस' द्वारा बंबई भिजवाया तथा खुद 'केसर-ए-हिंद' जहाज से स्वदेश रवाना हो गए। कहते हैं कि मुसीबत कभी अकेले नहीं आती। जिस जहाज से उनका सामान आ रहा था, वह बीच समुद्र में डूब गया। उस सामान में उनकी कई कीमती पुस्तकें थीं, जो उन्होंने अमेरिका में एकत्रित की थीं। डॉ. आंबेडकर 21 अगस्त, 1917 को बंबई, भारत वापस पहुँचे।

अनुबंध के अनुसार बाबा साहब को बड़ौदा जाना था, पर उनके पास बड़ौदा जाने को रुपए नहीं थे। तभी उन्हें यह शुभ

समाचार मिला कि उनके सामान के खो जाने पर उन्हें बीमे के दो हजार रुपए मिले। उन्होंने कुछ रुपए अपनी पत्नी को दिए और स्वयं बड़ौदा के लिए रवाना हो गए। उन्होंने तार द्वारा अपने आने की सूचना बड़ौदा भेज दी थी। बड़ौदा के महाराजा सयाजीराव गायकवाड़ इस समाचार से बहुत खुश थे। उन्होंने डॉ. आंबेडकर और उनके भाई को स्टेशन से लाने के लिए अपने अधिकारियों को

कहा भी; पर कोई भी उन्हें लेने नहीं आया। आखिर अछूतों को कोई क्यों लेने आता। दोनों भाई शहर में रहने के लिए जगह ढूँढ़ते रहे। आखिरकार उन्होंने तय किया कि अपनी जाति नहीं बताएँगे। और इस तरह उन्हें एक पारसी होटल में रहने को जगह मिल गई।

डॉ. आंबेडकर को महाराज की फौज में सचिव की नौकरी मिल गई। यह एक सम्मानजनक नियुक्ति थी। पर महाराज के चपरासी और क्लर्क ऐसा नहीं सोचते थे। वे हमेशा उनकी फाइलें मेज पर फेंककर देते थे, ताकि कहीं वह उस अछूत व्यक्ति से छू न जाएँ। डॉ. आंबेडकर को कभी भी दफ्तर में पानी नहीं पिलाया जाता था। वह अपना खाली समय पुस्तकालय में बिताते थे।

डॉ. आंबेडकर को महाराज की फौज में सचिव की नौकरी मिल गई। यह एक सम्मानजनक नियुक्ति थी। पर महाराज के चपरासी और क्लर्क ऐसा नहीं सोचते थे। वे हमेशा उनकी फाइलें मेज पर फेंककर देते थे, ताकि कहीं वह उस अछूत व्यक्ति से छू न जाएँ।

इस पक्षपातपूर्ण व्यवहार के बावजूद उन्होंने कभी भी अपनी शांति व धैर्य नहीं खोया। इसी बीच जिस होटल में वह रह रहे थे, वहाँ के मालिक को उनकी जाति के बारे में पता चल गया और उसने उन्हें होटल से निकाल दिया। डॉ. आंबेडकर ने महाराज को अपने रहने की समस्या के बारे में बताया। महाराज ने अपने दीवान से इस विषय में बात की। पर दीवान ने अपनी मजबूरी बताई कि वह आंबेडकर की मदद नहीं कर सकते। अपनी इस स्थिति से डॉ. आंबेडकर बहुत दुःखी हुए। उन्हें लगा कि उच्च शिक्षा भी उनके जाति के साथ हो रहे भेदभाव को दूर नहीं

कर पाई। आज भी लोग उन्हें अछूत ही मान रहे हैं।

वर्ष 1917 में उन्होंने बंबई वापस लौटने का निश्चय किया। बंबई में उन्होंने अपने साथ हो रहे इस पक्षपातपूर्ण व्यवहार के बारे में अपने गुरु व परामर्शदाता केलुस्कर को बताया। श्री केलुस्करजी के एक मित्र प्रोफेसर जोशीजी बड़ौदा में थे, वह डॉ. आंबेडकर को अपने घर रखने को तैयार भी हो गए; पर जब डॉ. आंबेडकर बड़ौदा पहुँचे तो स्टेशन पर उन्हें जोशीजी का पत्र मिला कि उनकी पत्नी किसी अछूत व्यक्ति को घर में नहीं रखना चाहतीं। डॉ. आंबेडकर ने तुरंत बंबई वापसी का टिकट ले लिया। वह और शर्मिंदगी नहीं उठाना चाहते थे।

श्री केलुस्करजी के एक मित्र प्रोफेसर जोशीजी बड़ौदा में थे, वह डॉ. आंबेडकर को अपने घर रखने को तैयार भी हो गए; पर जब डॉ. आंबेडकर बड़ौदा पहुँचे तो स्टेशन पर उन्हें जोशीजी का पत्र मिला कि उनकी पत्नी किसी अछूत व्यक्ति को घर में नहीं रखना चाहतीं। डॉ. आंबेडकर ने तुरंत बंबई वापसी का टिकट ले लिया। वह और शर्मिंदगी नहीं उठाना चाहते थे।

बंबई में उनसे अछूतों के लिए होनेवाले सम्मेलनों में भाग लेने को कहा गया, पर उन्होंने मना कर दिया, क्योंकि इस समय उनके लिए नौकरी करना जरूरी था। उन्हें छोटे-मोटे कई काम करने पड़े । उन्होंने शेयर सलाहकार का काम भी शुरू किया, पर जब लोगों को उनकी जाति के बारे में पता चला तो उन्होंने उनके पास आना बंद कर दिया। इसी बीच डॉ. आंबेडकर ने ब्रिटेन के प्रसिद्ध दार्शनिक बर्ट्राण्ड रशल की पुस्तक 'रीकंस्ट्रक्शन ऑफ सोसाइटी' के लिए एक आलोचनात्मक लेख

लिखा, जो 'इंडियन इकोनॉमिक्स सोसाइटी' में प्रकाशित हुआ। इसी तरह उनके कई लेख व निबंध प्रतिष्ठित पत्र-पत्रिकाओं में छपने लगे; पर वह अब भी एक सम्मानजनक नौकरी की प्रतीक्षा में थे।

आखिरकार भाग्य उन पर मुसकराया। उन्हें बंबई के सिडेनहम कॉलेज ऑफ कॉमर्स एंड इकोनॉमिक्स में लेक्चरर के एक रिक्त स्थान के बारे में पता चला। उन्होंने तुरंत उस पद के लिए आवेदन दिया। उन्होंने प्रो. एडविन कॉनन का हवाला भी दिया। उस पद के लिए कई योग्य उम्मीदवार थे, पर डॉ. आंबेडकर को उस पद के लिए चुन लिया गया। अस्पृश्य जाति का होने के बावजूद उन्हें उनकी विशेष योग्यताओं के कारण इन्हें अर्थशास्त्र के अस्थायी प्रोफेसर की नियुक्ति मिल गई। उन्होंने 450 रुपए मासिक वेतन पर 11 नवंबर, 1918 को पद ग्रहण किया। आरंभ में छात्रों ने अस्पृश्य जाति के लेक्चरर की कक्षा में जाने में कोई रुचि नहीं दिखाई; पर आंबेडकरजी पूरी निष्ठा व लगन से अपना कार्य करते रहे और जल्दी ही अपने विस्तृत ज्ञान के लिए प्रसिद्ध हो गए। छात्रों के संग उनकी घनिष्ठता व आत्मीयतापूर्ण व्यवहार बढ़ने लगा। छात्र उनके व्याख्यान सुनने को लालायित रहने लगे। यहाँ तक कि अन्य कॉलेजों के छात्र भी उनके व्याख्यान सुनने के लिए आने लगे। उनके जो सहकर्मी उनके साथ

आखिरकार भाग्य उन पर मुसकराया। उन्हें बंबई के सिडेनहम कॉलेज ऑफ कॉमर्स एंड इकोनॉमिक्स में लेक्चरर के एक रिक्त स्थान के बारे में पता चला। उन्होंने तुरंत उस पद के लिए आवेदन दिया। उन्होंने प्रो. एडविन कॉनन का हवाला भी दिया। उस पद के लिए कई योग्य उम्मीदवार थे, पर डॉ. आंबेडकर को उस पद के लिए चुन लिया गया।

भेदभाव करते थे, धीरे-धीरे वे सभी इस पक्षपातपूर्ण व्यवहार को भूलने लगे। वे समानता की इस संघर्ष की राह पर आगे बढ़ने लगे।

अपने खाली समय में वह आस-पास के पिछड़े इलाकों में जाते और पिछड़े व निराश लोगों में जागरूकता फैलाते, उन्हें उनके अधिकारों के प्रति सचेत करते।

इसी दौरान उनका परिचय महाराष्ट्र में कोल्हापुर के छत्रपति साहूजी महाराज से हुआ, जो छत्रपति शिवाजी के वंशज थे तथा पिछड़ी जाति के लोगों से हमदर्दी रखते थे। शिवाजी की फौज में उनके महत्त्वपूर्ण योगदान को सराहते थे। वह डॉ. आंबेडकर को दलित जाति के लोगों के लिए कार्य करने और उनकी उन्नति के लिए निरंतर प्रोत्साहित करते। उन्होंने डॉ. आंबेडकर को एक पत्रिका निकालने को कहा, जो इसी कार्य में सहयोग दे। उन्होंने 31 जनवरी, 1920 को 'मूकनायम' नामक मराठी पाक्षिक पत्र निकाला। इस पत्रिका के लिए उन्होंने स्वयं चंदा एकत्रित किया।

इसी दौरान उनका परिचय महाराष्ट्र में कोल्हापुर के छत्रपति साहूजी महाराज से हुआ, जो छत्रपति शिवाजी के वंशज थे तथा पिछड़ी जाति के लोगों से हमदर्दी रखते थे। शिवाजी की फौज में उनके महत्त्वपूर्ण योगदान को सराहते थे। वह डॉ. आंबेडकर को दलित जाति के लोगों के लिए कार्य करने और उनकी उन्नति के लिए निरंतर प्रोत्साहित करते।

डॉ. आंबेडकर को अब भी अपनी उस डिग्री की कमी महसूस होती, जिसे वह लंदन से प्राप्त नहीं कर सके थे। उन्होंने लंदन यूनिवर्सिटी से पता किया कि क्या अब भी उन्हें दाखिला मिल

सकता है? उनकी प्रसन्नता की सीमा नहीं रही, जब उन्हें पता चला कि वह अभी लंदन जाकर पढ़ाई कर सकते हैं। डॉ. आंबेडकर 5 जुलाई, 1920 को अपनी प्रोफेसर की नौकरी छोड़कर लंदन जाने की तैयारी करने लगे। उन्होंने अपने मित्र नवल भथेना से 5,000 रुपए उधार लिए। कोल्हापुर के साहूजी महाराज से भी उन्होंने कुछ आर्थिक सहायता ली।

□

4

लंदन रवानगी

डॉ. आंबेडकर कानून और अर्थशास्त्र का पूरा अध्ययन करने के लिए जुलाई 1920 को लंदन पहुँचे। उन्होंने इस अवसर का पूरा लाभ उठाया। उन्होंने अपनी इस पढ़ाई के साथ-साथ लंदन संग्रहालय के पुस्तकालय में भी प्रवेश लिया। इस पुस्तकालय में उन पुस्तकों तथा पत्रिकाओं का बड़ा संग्रह था, जो उनके लिए बहुत उपयोगी था। अब उनका काफी समय इसी पुस्तकालय में बीतने लगा। वह इंडियन ऑफिस पुस्तकालय तथा लंदन यूनिवर्सिटी पुस्तकालय भी जाने लगे।

लंदन में डॉ. आंबेडकर एक 'पेइंग गेस्ट' के रूप में रहने लगे। वह दिन में सिर्फ दो बार खाना खाते थे–एक बार सुबह और दूसरी बार शाम को। अपना अधिकतर समय वह पढ़ने में बिताने लगे। एक बार किसी ने उनको सलाह भी दी कि थोड़ा आराम भी किया करें। डॉ. आंबेडकर ने कहा कि, "मेरे पास न पैसा है, न खाना है और न ही सोने का समय।"

डॉ. आंबेडकर हमेशा भारत के दलितों के हालात, उनकी उन्नति के लिए संवेदनशील रहे। वह अपने सह-कार्यकर्ताओं के साथ लगातार संपर्क में रहे और समय-समय पर उन्हें सलाह देते रहे।

इन दिनों डॉ. आंबेडकर को काफी आर्थिक तंगी से गुजरना पड़ रहा था। उनके अधिकतर रुपए पुस्तकों को खरीदने में खर्च हो जाते थे। अब तक वह अपनी पी-एच.डी. अमेरिका यूनिवर्सिटी से कर चुके थे। एम.एस-सी., डी.एस-सी. और कानून की डिग्री भी वह लंदन यूनिवर्सिटी से प्राप्त कर चुके थे। उन्होंने सोचा कि अब सही समय है और उन्हें भारत लौट जाना चाहिए।

□

5

समानता का संघर्ष

डॉ. आंबेडकर का विवाह रमाबाई से सन् 1908 में हुआ था; पर उन्होंने अपनी पत्नी के साथ समय नहीं बिताया था। वह अपने अध्ययन, नौकरी तथा समाज-सुधार के कार्यों में व्यस्त रहे। उनकी पत्नी रमाबाई खामोशी से उनके परिवार की देखभाल करती रहीं। अब उन्होंने पत्नी के इस त्याग को महसूस किया। जब वह विदेश में थे तब भी वह अपनी पत्नी को अपनी बचत से खर्चा भेजा करते थे। डॉ. आंबेडकर दो पुत्रों—गंगाधर तथा यशवंत राव के पिता बने। उनके पुत्र गंगाधर की मृत्यु बचपन में ही किसी बीमारी से हो गई थी। हर पिता की तरह वह भी अपने इकलौते पुत्र यशवंत राव के स्वास्थ्य तथा पढ़ाई के लिए चिंतित रहा करते थे।

डॉ. आंबेडकर ने जुलाई 1923 में बंबई उच्च न्यायालय में एक वकील के रूप में कार्य आरंभ किया। पर यहाँ भी वकील अस्पृश्य जाति के वकील को सहयोग देने को तैयार नहीं थे। उन्हें पिछड़ी जाति तथा निचले तबके के लोगों के केस ही मिलते थे। इसी से उनका गुजारा चलता था। धीरे-धीरे उनकी आर्थिक स्थिति ठीक होने लगी। अब उन्होंने ऐसे संस्थान की आवश्यकता महसूस की, जो दलित समुदाय की उन्नति के लिए आंदोलन चला सके।

इसी बीच उन्हें एक मानहानि का केस मिला। यह केस तीन लेखकों बागड़े, जेचे और जवलकर के खिलाफ था। ये तीनों लेखक निचले तबके के थे और उन्होंने एक पुस्तक लिखी थी 'एनेमीज ऑफ कंट्री', जिसमें उन्होंने ब्राह्मणों को देश की दुर्दशा के लिए दोषी ठहराया था। ब्राह्मण ही अस्पृश्यता, सामाजिक शोषण, कुप्रथाओं तथा जातिवाद के द्वारा समाज को विभिन्न वर्गों में बाँट रहे थे। उन्होंने ही अपनी कार्यसूची हिंदुओं पर थोपी है। हिंदू सुधार कार्यक्रम ने भी इसी की पुष्टि की है। पुणे के ब्राह्मणों की 'पिटीशन' को कोर्ट ने डॉ. आंबेडकर की दलीलें सुनकर खारिज कर दिया और केस खत्म हो गया। यह केस डॉ. आंबेडकर के लिए व्यक्तिगत जीत थी। देश के दलित लोग अब उन्हें अपने नेता के रूप में देखने लगे थे। ऐसा नेता जो उन्हें अस्पृश्यता के जीवन से आजाद कराएगा। डॉ. आंबेडकर ने 20 जुलाई, 1924 को दलितों के विकास के लिए 'बहिष्कृत हितकारिणी सभा' की स्थापना की। इस संस्था के प्रथम अध्यक्ष गुजराती हिंदू एवं प्रसिद्ध वकील सर चिमणलाल हीरालाल

सेतलवाड थे। डॉ. आंबेडकर कार्यकारिणी समिति के अध्यक्ष थे। उन्होंने कुछ उच्च वर्ग के हिंदुओं को भी इस सोसाइटी की कार्यकारी समिति में शामिल किया।

सोसाइटी महाराष्ट्र के हर प्रांत में सम्मेलनों का आयोजन करने लगी। सोसाइटी का तीसरा सम्मेलन 10-11 अप्रैल, 1925 को आयोजित किया गया। बेलगाँव में निपानी जिले में आयोजित सम्मेलन में डॉ. आंबेडकर ने भाषण देते हुए कहा, "महात्मा गांधी हरिजनों के उत्थान पर इतना जोर नहीं देते हैं, जितना हिंदू-मुसलिम एकता पर और खादी के इस्तेमाल पर।" उन्होंने लोगों से कहा कि वे अपने हक के लिए लड़ें। उन्होंने अमेरिका तथा फ्रांस के उदाहरण दिए और कहा, "हजारों लोग मरे, पर अगली पीढ़ी ने इसका आनंद लिया। अगर अभी बलिदान देंगे तो हमारी आनेवाली पीढ़ियाँ इसकी सफलता को भोग सकेंगी। हमारी बिरादरी में माता-पिता बच्चों का विवाह तो कर देते हैं, पर यह नहीं देखते कि उनके बच्चे अपने पैरों पर खड़े हैं, आत्मनिर्भर हैं या नहीं। इसीलिए वे बच्चों की खराब परिस्थितियों का कारण बन जाते हैं।"

सोसाइटी महाराष्ट्र के हर प्रांत में सम्मेलनों का आयोजन करने लगी। सोसाइटी का तीसरा सम्मेलन 10-11 अप्रैल, 1925 को आयोजित किया गया। बेलगाँव में निपानी जिले में आयोजित सम्मेलन में डॉ. आंबेडकर ने भाषण देते हुए कहा, "महात्मा गांधी हरिजनों के उत्थान पर इतना जोर नहीं देते हैं, जितना हिंदू-मुसलिम एकता पर और खादी के इस्तेमाल पर।"

सोसाइटी का प्रभाव दलित आंदोलन पर भी पड़ा और सोसाइटी

दलित आंदोलन का मंच बन गई। इस संगठन ने दलितों के रहने के लिए कई होस्टल शुरू किए और 'सरस्वती विलास' नामक एक पत्रिका निकाली। वर्ष 1927 में बाबा साहब की नियुक्ति बंबई विधानमंडल के सदस्य के रूप में हुई। बाबा साहब ने अपने इस नए पद को बहुत सम्मान दिया। अपने स्वागत-भाषण में उन्होंने विधानसभा में उस समय के बजट की आलोचना भी की। एक बार उन्होंने गृहमंत्री हॉस्टन को यह सबूत भी दिया कि पुलिस कमिश्नर ने अछूतों को पुलिस फोर्स में नियुक्त करने से इनकार कर दिया। हालाँकि कानून में ऐसा प्रावधान नहीं है। डॉ. आंबेडकर जैसे काबिल नेता के नेतृत्व में दलित आंदोलन आगे बढ़ने लगा।

डॉ. आंबेडकर ने इस दलित आंदोलन को धार्मिक, राजनीतिक और सामाजिक आंदोलनों से अलग रखा। इसी दौरान बाबा साहब को एक ऐसे बिल के बारे में पता चला, जिसके अनुसार अछूतों द्वारा आम जगहों से पानी लेने को उसके उपयोग को कानूनी करार दिया गया था।

डॉ. आंबेडकर ने इस दलित आंदोलन को धार्मिक, राजनीतिक और सामाजिक आंदोलनों से अलग रखा। इसी दौरान बाबा साहब को एक ऐसे बिल के बारे में पता चला, जिसके अनुसार अछूतों द्वारा आम जगहों से पानी लेने को उसके उपयोग को कानूनी करार दिया गया था। हरिजन कुओं, तालाबों, नदी जैसे जगहों से पानी ले सकते थे। अछूतों को इन आम जगहों से पानी लेने का कानूनी अधिकार था।

बाबा साहब ने इसी नए कानून की मदद से आम जगहों से पानी पीने का हक अछूतों को दिलाने का संघर्ष किया। उन्होंने

महाड़ से यह लड़ाई शुरू की, क्योंकि वह इस क्षेत्र को जानते थे।

चवदार तालाब को मुक्त कराने हेतु महाड़ सम्मेलन 19 मार्च, 1927 को आयोजित किया गया, जिसमें पाँच हजार लोगों ने भाग लिया। गुजरात तथा महाराष्ट्र से लोग महाड़ में एकत्र हुए। इस दिन बाबा साहब डॉ. आंबेडकर ने तीन नए संकल्प दिलवाए–(1) मृत जीवों का मांस नहीं खाएँ। (2) लोगों की पत्तलों में छोड़ी जूठन न खाएँ और (3) अपनी जातिगत रुकावटों को न देखते हुए किसी भी मध्य वर्गीय जाति के लोगों की तरह पेश आएँ। उनके जैसा रहन-सहन अपनाएँ।

इसी सम्मेलन में यह निर्णय भी लिया गया कि महाड़ तालाब का पानी वहाँ के सभी लोगों के लिए उपलब्ध है, चाहे वे किसी भी जाति के हों। जैसा कि म्यूनिसिपल फैसले में कहा गया है। बाबा साहब एक जुलूस के साथ महाड़ की सड़कों से होते हुए महाड़ तालाब तक पहुँचे। वहाँ पहुँचकर उन्होंने उस तालाब का पानी स्वयं चुल्लू भरकर पिया। उसके बाद सभी ने वह पानी पिया, फिर सब सम्मेलन कक्ष में लौट आए।

इसी सम्मेलन में यह निर्णय भी लिया गया कि महाड़ तालाब का पानी वहाँ के सभी लोगों के लिए उपलब्ध है, चाहे वे किसी भी जाति के हों। जैसा कि म्यूनिसिपल फैसले में कहा गया है। बाबा साहब एक जुलूस के साथ महाड़ की सड़कों से होते हुए महाड़ तालाब तक पहुँचे।

कुछ सवर्ण हिंदू इस घटना को देख रहे थे। उन्होंने इसका विरोध करने की कोशिश की। आखिर वह इन अछूतों को पीने के पानी को कैसे छूने देते। उन्होंने उसी वक्त सम्मेलन कक्ष पर

हमला किया, जब लोग वहाँ खाना खा रहे थे। कुछ लोग बुरी तरह घायल भी हुए। बाबा साहब को बहुत क्रोध आया। परंतु सवर्णों की इस हरकत पर भी वे शांत रहे और क्रोध को दबा गए; क्योंकि वह जानते थे कि यह समय धैर्य रखने व निर्णय लेने का है। वहाँ उपस्थित लोगों से उन्होंने कहा कि वे विरोध न करें और अपना कार्य अहिंसा का रास्ता अपनाते हुए जारी रखें।

बाबा साहब डॉ. आंबेडकर की यह दूरदर्शिता थी, वरना परिस्थिति विस्फोटक हो जाती; क्योंकि इसी सम्मेलन में बहुत से ऐसे फौजी भी मौजूद थे, जो उस फौज से थे जिसने अफगानिस्तान की लड़ाई में और अन्य लड़ाइयों में भाग लिया था। वे विरोधियों के लिए आतंक पैदा कर सकते थे। पुलिस के आने पर बाबा साहब ने घायलों को अस्पताल पहुँचाया। पाँच हमलावरों को सजा हुई।

यह महाड़-सत्याग्रह दलित आंदोलन के लिए मील का पत्थर साबित हुआ। डॉ. आंबेडकर की यह पहली बड़ी उपलब्धि थी। इतिहास में यह पहला अवसर था, जब दलितों ने अपने हक के लिए सीधी टक्कर ली थी। इस सम्मेलन की खबर जंगल में आग की तरह फैली। लोगों ने इस सम्मेलन में लिए गए तीन संकल्पों पर पूरी तरह अमल करना शुरू कर दिया। दलितों पर इस कार्य का बुरा असर भी पड़ा। कई गाँवों में उनका सामाजिक बहिष्कार कर दिया गया। देश भर में इस घटना की प्रतिक्रिया भी हुई; पर वीर सावरकर जैसे कई समाज-सुधारकों ने डॉ. आंबेडकर को अपना पूरा समर्थन दिया।

□

6
कई संघर्ष

उन दिनों डॉ. आंबेडकर प्रेस के हलके रुख के पक्ष में नहीं थे। वह दलितों की आवाज उठाने के लिए एक समाचार-पत्र निकालना चाहते थे। 3 अप्रैल, 1927 को उन्होंने 'बहिष्कृत भारत' (दि अस्ट्रीसाइड इंडिया) नामक पाक्षिक समाचार-पत्र निकालना आरंभ किया। तीन वर्ष की अवधि तक चले इस समाचार-पत्र ने दलितों के लिए पूरे जोर-शोर से आवाज उठाई थी।

डॉ. आंबेडकर को पता चला कि कुछ ब्राह्मण महाड़ तालाब के पानी का शुद्धीकरण कर रहे हैं। वह इस नए हालात से बहुत क्रोधित हुए। दूसरा धक्का उन्हें तब लगा जब एक और नया फैसला लिया गया, जो पिछले फैसले को रद्द करता था, जिसमें कहा गया था कि महाड़ तालाब का पानी हर जाति के व्यक्ति के पीने के लिए उपलब्ध नहीं है। बाबा साहब ने इस फैसले के विरोध में सत्याग्रह करने का निर्णय किया। उन्होंने सोसाइटी के सभी कार्यकर्ताओं से महाड़ तालाब के पानी के लिए किए जानेवाले सत्याग्रह में भाग लेने को कहा। इसी बीच कुछ सवर्ण हिंदू सिविल कोर्ट से यह आदेश ले आए कि आंबेडकर और बाकी लोगों को सत्याग्रह करने से रोका जाए। कोर्ट ने इसी पक्ष में एक नोटिस दिया।

अपनी दूसरी पत्नी सविता आंबेडकर के साथ

डॉ. आंबेडकर और बाकी कार्यकर्ता इस नोटिस की परवाह किए बगैर पैदल महाड़ तालाब पहुँचे। पुलिस महाड़ तालाब की निगरानी कर रही थी। डॉ. आंबेडकर जब वहाँ पहुँचे तो जिला मजिस्ट्रेट ने सम्मन भेजा और इस संघर्ष को खत्म करने को कहा। डॉ. आंबेडकर ने कुछ नहीं कहा और सम्मेलन की जगह लौट गए, जहाँ अनेक गाँवों के लगभग पंद्रह हजार कार्यकर्ताओं ने उनका स्वागत किया। उन्होंने इस सम्मेलन की तुलना फ्रांस की उस राष्ट्रीय रैली से की, जो 5 मई, 1789 को की गई थी। डॉ. आंबेडकर ने कहा, ''हम भी अपने आपको उन्हीं की तरह हरकत में लाना चाहते हैं। जो रास्ता हमने चुना है वही हिंदू समाज की उन्नति के लिए सही है। हिंदू समाज को फिर से उन दो सिद्धांतों के आधार पर चलना होगा—समानता और जातिगत मतभेद की समाप्ति का।''

उन्होंने सत्याग्रहियों से कहा कि वे इस महाड़ तालाब को न

छुएँ; क्योंकि उनकी लड़ाई उच्च वर्गीय ब्राह्मणों से है, सरकार से नहीं। उनका मकसद हिंदू समुदाय में समानता लाना है। उन्होंने वहाँ उपस्थित औरतों से भी कहा कि उन्हें भी अपनी स्वच्छता तथा पहनावे पर ध्यान देना चाहिए। उन्होंने कहा कि उन्हें भी उच्च वर्ग की स्त्रियों की तरह पहनना-ओढ़ना चाहिए और अपने बच्चों को शिक्षा देनी चाहिए। सभी स्त्रियों ने बाबा साहब की इस सलाह को गंभीरता से लिया और अगले दिन वे स्वच्छता से तैयार होकर आईं।

□

7

साइमन कमीशन और गोलमेज सम्मेलन

सर जॉन साइमन की अध्यक्षा में बने 'साइमन कमीशन' 3 अगस्त, 1928 को भारत आया। कांग्रेस पार्टी ने इसका बहिष्कार किया, क्योंकि इसमें किसी भारतीय का प्रतिनिधित्व नहीं था और यह एक आम भारतीय की भलाई के लिए नहीं था। साइमन कमीशन का विरोध काले झंडे दिखाकर किया गया। लोगों ने 'साइमन वापस जाओ' के नारे लगाए। इसी विरोध के दौरान लाहौर में लाला लाजपत राय पर लाठी चार्ज किया गया। इसमें वे गंभीर रूप से घायल हुए। बाद में 17 नवंबर, 1928 को उनका निधन हो गया। लाला लाजपत राय के निधन पर डॉ. आंबेडकर ने एक शोक सभा का आयोजन कर श्रद्धा सुमन अर्पित किए।

डॉ. आंबेडकर ने भी कुछ अन्य दलित संस्थाओं की तरह सोचा कि सरकार का विरोध करना दलितों के हक में ठीक नहीं होगा। वह कमीशन से मिले और दलित वर्ग के हितों में कार्य करनेवाली अपनी सोसाइटी की तरफ से अपनी माँगें पेश कीं। उन्होंने कमीशन से आग्रह किया कि वह दलितों की शिक्षा व उन्नति की तरफ फिर से ध्यान दें और कुछ ऐसे सुझाव भी दिए जिससे

उनकी स्थिति में सुधार आए। अपने दूसरे प्रतिरोध के रूप में उन्होंने विधानमंडल की 140 सीटों में से 22 को इनके लिए सुरक्षित करने को कहा। उन्होंने 94 पृष्ठ का एक 'मेमोरेंडम' भी कमीशन के समक्ष रखा। तब उन्होंने साइमन रिपोर्ट पर हस्ताक्षर किए।

राष्ट्रीय नेताओं ने डॉ. आंबेडकर द्वारा साइमन कमीशन के समर्थन की आलोचना की। उन्हें लगा कि यह स्वतंत्रता आंदोलन के हक में सही नहीं है। पर जब वह 'मेमोरेंडम' सबके सामने आया तो डॉ. आंबेडकर की राष्ट्रीयता देखकर सबको बहुत आश्चर्य हुआ। उनके उस मेमोरेंडम में उन सभी विषयों पर ध्यान दिया गया था, जो देश के हित में थे। राष्ट्रीय नेता डॉ. आंबेडकर से बहुत प्रभावित हुए और उन्हें देश के एक प्रमुख नेता के रूप में जाना जाने लगा। डॉ. आंबेडकर का प्रभाव अब बढ़ता जा रहा था। उन्होंने अछूतों के मंदिरों में प्रवेश को लेकर किए जानेवाले सत्याग्रह का प्रचार करना आरंभ किया। इससे हिंदू समाज में दलितों की एक खास जगह बनती। 28 दिसंबर, 1929 को आयोजित दलित सम्मेलन में दिए गए अपने पहले भाषण में उन्होंने कहा कि, "अस्पृश्यता

को समाप्त करने के लिए राजनीतिक ताकत की जरूरत है। केवल राजनीतिक सशक्तीकरण ही हमारे रहने के स्तर में सुधार लाएगा। सिर्फ पहनावा उच्च वर्ग-सा कर लेना ही उन्नति नहीं है। वास्तविक उन्नति केवल राजनीतिक ताकत से ही आ सकती है। अंग्रेजी शासन के अनुसार कानून सामाजिक भेदभाव को नहीं मिटा सकता है। अत: हमें राष्ट्रीय स्वतंत्रता की लड़ाई लड़नी चाहिए। मेरा ब्रिटिश सरकार में कोई विश्वास नहीं है। हमें अपने आपको उदार बनाना पड़ेगा। ब्रिटिश सरकार सिर्फ बिजनेस माइंडेड है।''

इस सम्मेलन में महाड़, चंबर, ठोर आदि जगहों से आए लोगों ने भाग लिया था।

डॉ. आंबेडकर का महाड़ में दिया गया यह भाषण उनके पिछले पक्ष का समापन था। पिछले विचारों के अनुसार वह पूरी तरह से सरकार के विरोध में नहीं थे; पर अब पूरी तरह से सरकार का विरोध करने लगे थे। वे अब देश की पूर्ण स्वतंत्रता चाहते थे और वह देश के अन्य राष्ट्रीय नेताओं के साथ मिलकर स्वतंत्रता आंदोलन में भाग लेने लगे। 8 अगस्त, 1930 को दलित वर्ग का दूसरा सम्मेलन आयोजित किया गया। इस सम्मेलन में यह निर्णय लिया गया कि पहले गोलमेज सम्मेलन में दलित वर्ग के प्रतिनिधि भी भाग लेंगे।

डॉ. आंबेडकर का महाड़ में दिया गया यह भाषण उनके पिछले पक्ष का समापन था। पिछले विचारों के अनुसार वह पूरी तरह से सरकार के विरोध में नहीं थे; पर अब पूरी तरह से सरकार का विरोध करने लगे थे। वे अब देश की पूर्ण स्वतंत्रता चाहते थे और वह देश के अन्य राष्ट्रीय नेताओं के साथ मिलकर स्वतंत्रता आंदोलन में भाग लेने लगे।

12, नवंबर 1930 में डॉ. आंबेडकर ने प्रथम गोलमेज सम्मेलन में दलितों के प्रतिनिधि के रूप में भाग लिया। इसकी अध्यक्षता ब्रिटिश प्रधानमंत्री रेम्से मॅक्डोनाल्ड ने की थी। डॉ. आंबेडकर ब्रिटिश सरकार के समक्ष दलितों की दयनीय स्थिति रखी। उन्होंने कहा कि ब्रिटिश सरकार ने दलितों और शोषित वर्ग की उन्नति के लिए बहुत कम काम किया है; जबकि भारत की जनसंख्या में इनका एक महत्त्वपूर्ण हिस्सा है। अपने इस भाषण में डॉ. आंबेडकर ने दलितों की समस्या को अंतरराष्ट्रीय मंच दिया। वह 27 नवंबर, 1931 को भारत वापस लौटे।

□

8

महात्मा गांधी का प्रभाव

डॉ. आंबेडकर को एक बार फिर दूसरे गोलमेज सम्मेलन के लिए महात्मा गांधी के साथ लंदन बुलाया गया। उनके साथ मुहम्मद अली जिन्ना और सर तेजबहादुर सप्रू भी उस सम्मेलन में भाग लेने जा रहे थे। महात्मा गांधी अभी भी विचार कर रहे थे कि वह इस सम्मेलन में भाग लें या नहीं। भाग लेने से पहले वह डॉ. आंबेडकर से मिलना चाहते थे। डॉ. आंबेडकर 14 अगस्त, 1931 को महात्मा गांधी से मिले।

इस मुलाकात के दौरान महात्मा गांधी ने उनसे कहा कि उनके लिए दलित वर्ग की समस्याएँ हिंदू-मुसलिम एकता से अधिक महत्त्वपूर्ण हैं। सिर्फ वे ही (आंबेडकर) उन्हें इन विषयों को ठीक से संबोधित नहीं करने दे रहे हैं। उन्होंने कहा कि उन्होंने बीस लाख रुपए इस भेदभाव को समाप्त करने के लिए खर्च किए हैं। डॉ. आंबेडकर ने तुरंत कहा, "मुझे वाकई इस बारे में नहीं पता है।" उन्होंने आगे कहा कि "इस तरह के कांग्रेस के सभी प्रयत्न उसी तरह हैं जैसे हमें त्योहारों पर नए कपड़े पहनने को दिए जाएँ।" जब गांधीजी ने डॉ. आंबेडकर के योगदान की सराहना प्रथम गोलमेज सम्मेलन में की तो आंबेडकर भावुक हो गए और उन्होंने कहा, "आप मुझसे

मेरी मातृभूमि के बारे में बात कर रहे हैं। कोई भी दलित, जिसमें थोड़ा भी आत्म-सम्मान है और जो थोड़ी सी भी मानवीय भावना रखता है, वह इस भूमि को अपनी मातृभूमि नहीं कहेगा, जहाँ उसे बिल्ली और कुत्तों से भी बदतर हालातों में रहना पड़ता है और उसे जानवरों की-सी भी हमदर्दी हासिल नहीं होती।" उन्होंने कहा कि, "आप बारदोली में किसानों पर हुए अत्याचार पर इतनी आवाज उठा रहे हैं, पर दलितों की समस्याओं और चीखों को सुन नहीं पा रहे हैं। आपके राष्ट्रीय प्रेस में भी ऐसी कोई व्यवस्था नहीं है, जो देश को हमारे दुःखों के बारे में बताए। डॉ. आंबेडकर और गांधीजी की पहली मुलाकात सहज नहीं थी और इस मुलाकात ने दोनों राष्ट्रीय नेताओं के बीच असंतोष का ऐसा भाव पैदा किया जो कभी भी दूर नहीं हुआ।

गांधीजी से हुई पहली मुलाकात से पहले डॉ. आंबेडकर ने पिछड़ी जाति के युवाओं को संबोधित करते हुए खुलेआम गांधीजी की नीतियों की आलोचना की। उन्होंने कहा, "मैं वादा करता हूँ कि मैं हमेशा अछूत जाति की उन्नति के लिए कार्य करता रहूँगा। अहमदाबाद अब तक व्यवसाय संबंधी बातों का केंद्र रहा है; पर गांधीजी के आगमन के बाद यहाँ केवल राजनीति की बातें ही होती हैं। मुझे लगता है, आपको मुझसे अधिक राजनीति के बारे

मैं वादा करता हूँ कि मैं हमेशा अछूत जाति की उन्नति के लिए कार्य करता रहूँगा। अहमदाबाद अब तक व्यवसाय संबंधी बातों का केंद्र रहा है; पर गांधीजी के आगमन के बाद यहाँ केवल राजनीति की बातें ही होती हैं। मुझे लगता है, आपको मुझसे अधिक राजनीति के बारे में पता है।

में पता है। मुझे लगता है, जो खादी पहनते हैं, उन्हें गांधीजी की राजनीति की ताकत के बारे में वाकई नहीं पता है।''

"क्या वे यह सब जानते हैं? क्या सत्याग्रह में बैठकर आप विजय पा सकते हैं? सशक्त ब्रिटिश गांधीजी के समक्ष पीछे हो रहे हैं? पर मैं सभी खादी पहननेवालों से पूछता हूँ कि आपने अपनी उन्नति के लिए क्या किया? वह आपसे आजादी के लिए सत्याग्रह में भाग लेने को कहते हैं? पर उन्होंने अस्पृश्यता को मिटाने के लिए क्या किया? और कुओं से पानी लेने के आपके हक के लिए क्या किया? बहुत से मेरे अपने भी मुझसे नफरत करते हैं; पर इसकी मुझे परवाह नहीं है। आप कहते हैं कि इस देश के लिए हमें भी कुछ करना चाहिए। पर क्या इस देश को हम अपना कह सकते हैं? वे लोग आपको इनसान भी नहीं समझते। वे नहीं चाहते कि

आपके पास अपनी जमीन हो। वे आपको चलने के लिए रास्ता नहीं देना चाहते। आप किस तरह इस देश को अपना कह सकते हैं? मैं गोलमेज सम्मेलन में पिछड़ी जाति के लाभ के लिए गया था; पर गांधीजी को भी कांग्रेस ने भेजा, जो ठीक नहीं है। वह हिंदू-मुसलिम एकता की आवश्यकता या हिंदू-सिख एकता की बात करते हैं, पर हम अछूतों के बारे में क्यों नहीं?''

डॉ. आंबेडकर ने आगे कहा कि, "इस गोलमेज सम्मेलन में मैंने देश के लिए तर्क दिए। मैं पूरे देश के लिए लड़ा, जो किसी और हिंदू ने नहीं किया। मुझे यह छूट दीजिए कि मैं भी अपने देश की आजादी चाहता हूँ, हर व्यक्ति की तरह। पर पहले मैं अपनी जाति की आजादी चाहता हूँ। इस जातिगत भेदभाव को मिटाना मेरे लिए सबसे महत्त्वपूर्ण है।''

डॉ. आंबेडकर 29 अगस्त, 1931 को दूसरे गोलमेज सम्मेलन में भाग लेने पहुँचे। इस बार उनके कानूनी ज्ञान के कारण उनकी नियुक्ति 'फेडरल स्ट्रक्चर कमेटी' में हुई। महात्मा गांधी भी अपने अन्य कांग्रेसी सहयोगियों पं. मदनमोहन मालवीय, सरोजिनी नायडू आदि के साथ इस सम्मेलन में भाग लेने गए थे।

डॉ. आंबेडकर 29 अगस्त, 1931 को दूसरे गोलमेज सम्मेलन में भाग लेने पहुँचे। इस बार उनके कानूनी ज्ञान के कारण उनकी नियुक्ति 'फेडरल स्ट्रक्चर कमेटी' में हुई। महात्मा गांधी भी अपने अन्य कांग्रेसी सहयोगियों पं. मदनमोहन मालवीय, सरोजिनी नायडू आदि के साथ इस सम्मेलन में भाग लेने गए थे।

डॉ. आंबेडकर ने वयस्क मताधिकार की माँग कमेटी के समक्ष

रखी। उन्होंने स्पष्टीकरण देते हुए कहा, "अगर सिर्फ कुछ लोगों को मत देने का अधिकार है, तो सरकार अल्पसंख्यकों की बनेगी, जिसे यह विश्वास प्राप्त होगा कि वह बहुसंख्यकों के हितों के लिए उत्तरदायी होगी।" उन्होंने कहा कि, "मेरे लिए इस सम्मेलन में केवल बहस के दो मुद्दे हैं—क्या भारत में कोई जिम्मेदार सरकार बनेगी? और अगर बनेगी तो वह किसके लिए जिम्मेदार होगी? मुझे आश्चर्य है कि जो लोग एक जिम्मेदार सरकार चाहते हैं, वे सब वयस्क भारतीय लोगों को मताधिकार देना नहीं चाहते।" महात्मा गांधी और अन्य कांग्रेसी नेताओं ने भी वयस्क मताधिकार की माँग की।

किसी भी वयस्क भारतीय से मत देने का अधिकार उसकी गरीबी तथा अशिक्षा के आधार पर नहीं छीना जाना चाहिए। एक शिक्षित व्यक्ति समझदार होता है और अपने हित को समझता है, पर यह अन्यायपूर्ण है कि आप अपना प्रतिनिधि नहीं चुन सकते, क्योंकि आप गरीब हैं।

"किसी भी वयस्क भारतीय से मत देने का अधिकार उसकी गरीबी तथा अशिक्षा के आधार पर नहीं छीना जाना चाहिए। एक शिक्षित व्यक्ति समझदार होता है और अपने हित को समझता है, पर यह अन्यायपूर्ण है कि आप अपना प्रतिनिधि नहीं चुन सकते, क्योंकि आप गरीब हैं। स्वतंत्र लोकतांत्रिक सरकार इस बात पर निर्भर होनी चाहिए कि व्यक्ति अपने अनुभव द्वारा सीखता है।"

लंदन में गांधीजी तथा आंबेडकर के बीच और वैचारिक मतभेद पैदा हो गए। गांधीजी दलितों को अल्पसंख्यक समुदाय मानने को

तैयार नहीं थे और आंबेडकर उनके इन विचारों से सहमत नहीं थे। उन्होंने कहा, "अब तक की गांधीजी से हुई अपनी मुलाकातों से मैं यही समझ पाया हूँ कि गांधीजी दलितों और ऐंग्लो क्रिश्चियनों को अल्पसंख्यक समुदाय मानने को तैयार नहीं हैं। और यदि भविष्य में हमारा संवैधानिक हक नहीं है तो हम किसी बातचीत में भाग नहीं लेना चाहते।"

दूसरे गोलमेज सम्मेलन की गतिविधियों की सूचना भारत में जंगल की आग की तरह फैल गई। दलितों ने एक सभा बुलाई और यह संकल्प लिया कि डॉ. आंबेडकर उनके प्रतिनिधि हैं। फिर उन्होंने इस निर्णय से संबंधित तार लंदन भेजे।

दूसरे गोलमेज सम्मेलन की गतिविधियों की सूचना भारत में जंगल की आग की तरह फैल गई। दलितों ने एक सभा बुलाई और यह संकल्प लिया कि डॉ. आंबेडकर उनके प्रतिनिधि हैं। फिर उन्होंने इस निर्णय से संबंधित तार लंदन भेजे।

डॉ. आंबेडकर अपनी इस माँग पर अंत तक टिके रहे कि दलितों को भी स्वतंत्र मताधिकार का हक मिलना चाहिए। 20 अगस्त, 1932 को ब्रिटिश प्रधानमंत्री ने सांप्रदायिक निर्णय 'कम्युनल अवार्ड' की घोषणा की। उसके तहत दलितों को पृथक् निर्वाचन का अधिकार मिला। दलितों के कई अग्रगण्य नेता जैसे राव साहब एम.सी. राजा ने इस विचार को छोड़ दिया था। दलितों के केंद्रीय विधानसभा में राव साहब राजा ही केवल एकमात्र प्रतिनिधि थे। इससे पहले उन्होंने पंजाब में दलितों के लिए अलग निर्वाचन की माँग की थी।

महात्मा गांधी उस समय यरवदा जेल में थे। उन्होंने ब्रिटिश सरकार को चेतावनी दी थी कि वह पिछड़ी जाति के स्वतंत्र

निर्वाचन की माँग को नहीं स्वीकार करेंगे। उनकी बात नहीं मानी गई तो वह आमरण अनशन करेंगे। अंततः महात्मा गांधीजी ने पूना में ही 20 सितंबर, 1932 को अपना आमरण अनशन प्रारंभ कर दिया। सारा देश महात्मा गांधी के इस रवैए से हैरान था। पं. मदन मोहन मालवीय जैसे नेताओं ने इस परिस्थिति के लिए समझौते का प्रयत्न किया। उन्होंने एक सम्मेलन का आयोजन किया, जिसमें डॉ. आंबेडकर को भी भाग लेने हेतु बुलाया गया। डॉ. आंबेडकर इस विषय पर किसी समझौते के लिए तैयार नहीं थे। कुछ भारतीय, जो डॉ. आंबेडकर के पक्ष में नहीं थे, उन्होंने उन्हें देशद्रोही तक कहा।

इस सम्मेलन में डॉ. आंबेडकर ने कहा, "यह बहुत दुःख की बात है कि गांधीजी इस पिछड़े शोषित वर्ग के अधिकार के पक्ष में नहीं हैं। वह कोई और विकल्प सुझा सकते हैं; पर मैं किसी भी ऐसे विकल्प को मानने को तैयार नहीं हूँ, जो शोषित वर्ग के हित में न हो, सिर्फ इसलिए कि यह गांधीजी की जिंदगी का सवाल है।"

इस सम्मेलन में डॉ. आंबेडकर ने कहा, "यह बहुत दुःख की बात है कि गांधीजी इस पिछड़े शोषित वर्ग के अधिकार के पक्ष में नहीं हैं। वह कोई और विकल्प सुझा सकते हैं; पर मैं किसी भी ऐसे विकल्प को मानने को तैयार नहीं हूँ, जो शोषित वर्ग के हित में न हो, सिर्फ इसलिए कि यह गांधीजी की जिंदगी का सवाल है।"

डॉ. आंबेडकर और गांधीजी दोनों अपनी-अपनी जिद पर अड़े थे। उन्हें मनाने के लिए कई वार्त्ताओं का आयोजन हुआ। कई वरिष्ठ नेताओं, जैसे डॉ. आंबेडकर, पं. मदन मोहन मालवीय, चुन्नीलाल

मेहता, राजगोपालाचारी, जयकर, सप्रू, बिड़ला और महात्मा गांधी के पुत्र देवदास, ने इसमें महत्त्वपूर्ण भूमिका निभाई। वे दोनों नेताओं को एक बात पर सहमत करना चाहते थे। डॉ. आंबेडकर व गांधीजी की कई बैठकें हुईं। आखिरकार दोनों नेता इस बात पर सहमत हुए कि मतदान होगा और कुछ सीटें इसमें दलित वर्ग के लिए आरक्षित रहेंगी। डॉ. आंबेडकर तथा महात्मा गांधी के बीच हुए इस समझौते को 'पूना पैक्ट' के नाम से जाना जाता है।

ब्रिटिश कैबिनेट ने इस घोषणा को पार्लियामेंट में रखा। डॉ. आंबेडकर ने 148 सीटें दलित वर्ग के लिए आरक्षित कीं। पहले सिर्फ 71 सीटें उनके लिए आरक्षित थीं। पर दलितों ने अपने प्रतिनिधि को स्वयं चुनने और हिंदू प्रतिनिधि को चुनने का अधिकार खो दिया।

पूना पैक्ट की इस घोषणा के बारे में सुभाषचंद्र बोस ने कहा, "डॉ. आंबेडकर ने गोलमेज सम्मेलन में स्वतंत्र मतदान की माँग की थी, पर आरक्षित सीटें मिलीं। अगर गांधीजी उनकी बात मान जाते तो बेहतर होता। आंबेडकर की राय अधिक बेहतर थी।"

□

9

डॉ. आंबेडकर में परिवर्तन

पूना पैक्ट के बाद दलितों के आंदोलन ने और जोर पकड़ा। छोटे, पर कुछ महत्त्वपूर्ण अधिकार दलित वर्ग को मिले, जैसे मंदिरों में प्रवेश, हिंदुओं के साथ सहभोज इत्यादि। डॉ. आंबेडकर ने स्वयं को राजनीतिक अधिकारों के लिए केंद्रित किया। एक सभा में उन्होंने कहा, ''मंदिरों में प्रवेश आपको उदार नहीं बनाएगा। राजनीति में मिले अधिकार ही आपको बेहतर बना सकते हैं।'' उन्होंने लोगों से कहा, ''एकता बनाए रखें।'' डॉ. आंबेडकर 7 नवंबर, 1932 को तीसरे गोलमेज सम्मेलन में भाग लेने के लिए लंदन गए। वह मुसलिम नेताओं के रवैए से प्रसन्न नहीं थे। लौटने पर वह यरवदा जेल में गांधीजी से मिले।

सन् 1933 में रंगा अय्यर ने मंदिर के प्रवेश कार्यक्रम में रुकावट लाने का प्रयत्न किया। उन्होंने मद्रास विधानसभा में इसके विरोध में प्रस्ताव पारित करवाया। डॉ. आंबेडकर ने अपने बचाव में कहा, ''दलितों की शक्ति इन छोटे-छोटे विषयों पर व्यर्थ खर्च नहीं करनी चाहिए। दलित अपनी उन्नति अपने अधिकारों के लिए लड़कर कर सकते हैं। वे उच्च शिक्षा, ऊँची नियुक्तियों और जीविकोपार्जन के सम्मानजनक तरीकों को अपनाकर कर सकते

हैं। यह अब आपके ऊपर निर्भर करता है कि आप उन्हें मंदिरों में प्रवेश करने देते हैं या नहीं। अगर आपका विश्वास मानवता में है तो मंदिरों के द्वार लोकतांत्रिक अधिकारों को देखते हुए खोले जाने चाहिए।'' उन्होंने अपने लोगों से कहा कि इस विषय पर चिंता न करें। उनके अनुसार दावा करवाना होगा। प्रार्थना करने से बेहतर है लोगों को काम करना चाहिए, स्वयं को आत्मनिर्भर बनाना चाहिए। उन्होंने कहा कि लोग अपने भाग्य के निर्माता स्वयं बनें।

डॉ. आंबेडकर के ये उदारवादी विचार कई हिंदुओं को पसंद नहीं आए। डॉ. आंबेडकर एक बार फिर लंदन के लिए रवाना हुए, जहाँ पर आयोजित सम्मेलन में उन्होंने कहा, "मैं हिंदुओं के हमारे प्रति किए जानेवाले अमानवीय व्यवहार से बहुत निराश था, इसीलिए मैंने स्वतंत्र मतदान की बात की थी। यदि हिंदू समाज को सुधारने और उसे एकरूपता प्रदान करने का प्रयत्न करते हैं तो हम उनको सहयोग देंगे।''

सन् 1933 में डॉ. आंबेडकर ने आर.डी. कर्वे का एक मुकदमा लड़ा। कर्वे एक पत्रिका 'समाज स्वास्थ्य' के संपादक थे। वह पत्रिका लोगों में 'सेक्स' के प्रति चेतना उत्पन्न करती थी। उस पत्रिका के दिसंबर 1933 के अंक की कुछ सामग्री को अश्लील माना गया और एक अफसर ने पत्रिका के संपादक कर्वे पर मुकदमा दायर कर दिया।

डॉ. आंबेडकर हमेशा प्रगतिशील विचारों के समर्थक रहे। उन्होंने डॉ. कर्वे का जोरदार बचाव किया। लगातार परिश्रम करते रहने से डॉ. आंबेडकर थक गए थे। उन्होंने काम से कुछ दिनों का अवकाश लिया और बोरडी, महाबलेश्वर एवं पन्हलगढ़ की यात्रा की। वहाँ उन्होंने प्राकृतिक चिकित्सा का लाभ उठाया।

डॉ. आंबेडकर हमेशा प्रगतिशील विचारों के समर्थक रहे। उन्होंने डॉ. कर्वे का जोरदार बचाव किया। लगातार परिश्रम करते रहने से डॉ. आंबेडकर थक गए थे। उन्होंने काम से कुछ दिनों का अवकाश लिया और बोरडी, महाबलेश्वर एवं पन्हलगढ़ की यात्रा की। वहाँ उन्होंने प्राकृतिक चिकित्सा का लाभ उठाया। लौटने पर उन्होंने फिर अपनी वकालत शुरू की और कॉलेज में पढ़ाना आरंभ किया।

उन्होंने अपना नया मकान मुंबई के दादर क्षेत्र में बनवाया, जिसका नाम 'राजगृह' रखा। बौद्धकाल में राजगृह राजा बिंबसार की राजधानी थी। बाबा साहब की पत्नी का स्वास्थ्य उन दिनों ठीक नहीं चल रहा था। उन्हें अपनी पत्नी की सेवा करने का अवसर भी नहीं मिला। रमाबाई का 27 मई, 1935 को निधन हो गया। पत्नी की मृत्यु उनके लिए गहरा

सदमा थी। उनकी पत्नी ने उनके पूरे परिवार को अकेले ही सँभाल रखा था। उन्होंने कभी भी बाबा साहब से कुछ भी माँगा नहीं था। जब तक वह जीवित रहीं, बाबा साहब अपने परिवार की चिंताओं से मुक्त थे। उनके असामयिक निधन ने बाबा साहब को अकेला कर दिया। वह इतने सदमे में थे कि कुछ समय तक सिर मुँड़वाकर संन्यासी का चोला पहनकर रहे।

बहुत से लोगों ने सोचा कि बाबा साहब अब राजनीति से भी संन्यास ले लेंगे। पर शीघ्र ही वह अपना रोजमर्रा का जीवन बिताने लगे। 2 जून, 1935 को उनकी नियुक्ति बंबई के लॉ कॉलेज के प्राचार्य के रूप में हुई। उन्हें जिला न्यायाधीश का पद भी सँभालने को कहा गया था, लेकिन उन्होंने इसे ठुकरा दिया। वे चाहते थे कि नौकरी से चिंता मुक्त होकर समाज की सेवा बेहतर ढंग से की जा सकती है।

बहुत से लोगों ने सोचा कि बाबा साहब अब राजनीति से भी संन्यास ले लेंगे। पर शीघ्र ही वह अपना रोजमर्रा का जीवन बिताने लगे। 2 जून, 1935 को उनकी नियुक्ति बंबई के लॉ कॉलेज के प्राचार्य के रूप में हुई। उन्हें जिला न्यायाधीश का पद भी सँभालने को कहा गया था, लेकिन उन्होंने इसे ठुकरा दिया।

उन्हीं दिनों एक बार उन्हें महाड़ सत्याग्रह के मुकदमे के सिलसिले में महाड़ जाना पड़ा। नदी में बाढ़ आ जाने के कारण उन्हें कुछ रुकना पड़ा। उन्हें यह दिन मजबूरन बिना भोजन व पानी के बिताने पड़े, क्योंकि वहाँ आस-पास दलितों के घर नहीं थे। हिंदू जाति के लोग एक दलित व्यक्ति को भोजन-पानी देने को तैयार नहीं थे।

डॉ. आंबेडकर को इससे बहुत क्रोध आया कि इतनी शिक्षा पाने और संघर्ष करने के बाद भी लोग उन्हें अब भी अछूत मानते हैं। कुछ दलित धर्म-परिवर्तन करना चाह रहे थे। उन्होंने उनसे जल्दीबाजी में कोई निर्णय न लेने का आग्रह किया। वे हिंदुओं के लगातार विरोध से हतोत्साहित थे। उन्हें लगा कि मंदिरों में प्रवेश का सत्याग्रह का सारा संघर्ष व्यर्थ हो गया है। उनके अनुसार, उच्च जाति के हिंदू उन्हें कभी भी समानता का हक नहीं देंगे।

डॉ. आंबेडकर को इससे बहुत क्रोध आया कि इतनी शिक्षा पाने और संघर्ष करने के बाद भी लोग उन्हें अब भी अछूत मानते हैं। कुछ दलित धर्म-परिवर्तन करना चाह रहे थे। उन्होंने उनसे जल्दीबाजी में कोई निर्णय न लेने का आग्रह किया। वे हिंदुओं के लगातार विरोध से हतोत्साहित थे।

डॉ. आंबेडकर ने 13 अक्तूबर, 1935 को मेवला सम्मेलन में घोषणा की कि, "दुर्भाग्य से मैं हिंदू धर्म में पैदा हुआ, यह मेरे बस की बात नहीं थी, लेकिन मैं यह प्रतिज्ञा करता हूँ कि हिंदू धर्म में कदापि मरूँगा नहीं।" उन्होंने कहा कि वह हिंदू संयोग से हैं, अपने चुनाव से नहीं। उन्होंने कहा कि वह ऐसा धर्म छोड़ना चाहते हैं, जो उन्हें सम्मान से जीने का अधिकार नहीं देता। पहली बार डॉ. आंबेडकर ने अपना धर्म-परिवर्तन करना चाहा। उन्होंने अपने दलित भाइयों से भी ऐसा ही करने को कहा।

इस घोषणा के बाद कई धार्मिक नेताओं ने उनसे अपना धर्म अपनाने का आग्रह किया। हैदराबाद के मुसलमान निजाम ने तो उन्हें पाँच करोड़ रुपए तक देने को भी कहा, यदि वह और बाकी दलित उनका धर्म अपना लें। ईसाई, सिक्ख और बौद्धों ने भी उनसे ऐसा ही आग्रह किया।

बहुत से कांग्रेसी नेताओं ने डॉ. आंबेडकर के धर्म-परिवर्तन के इस निर्णय की कड़ी आलोचना की। महात्मा गांधी ने कहा, ''अस्पृश्यता अब अपने अंतिम दौर में है। यदि कुछ जगहों पर थोड़ी-बहुत रह भी गई है, वह डॉ. आंबेडकर जैसे शिक्षित नौजवान के क्रोधित होने के लिए काफी नहीं है। फिर भी धर्म किसी पुराने मकान या पुराने वस्त्रों की तरह नहीं है, जिसे उतार फेंको। उन्होंने कहा, ''हमने यह निर्णय नहीं लिया है कि हम कौन-सा धर्म अपनाएँगे। पर बहुत सोच-विचार के बाद हम इस निर्णय पर अवश्य पहुँचे हैं कि हिंदू हमें उन्नति नहीं करने देंगे।

''धार्मिक असमानता ही इस धर्म की भूल है। मैं गांधीजी की इस बात से सहमत हूँ कि हर व्यक्ति को धर्म की आवश्यकता होती है। पर मैं दादा-परदादा से चलते आ रहे उस धर्म को मानते रहने को तैयार नहीं हूँ, जो व्यक्ति या समुदाय को प्रगति न करने दे।''

''धार्मिक असमानता ही इस धर्म की भूल है। मैं गांधीजी की इस बात से सहमत हूँ कि हर व्यक्ति को धर्म की आवश्यकता होती है। पर मैं दादा-परदादा से चलते आ रहे उस धर्म को मानते रहने को तैयार नहीं हूँ, जो व्यक्ति या समुदाय को प्रगति न करने दे।''

दलितों के धर्म-परिवर्तन का बहुत से हिंदुओं ने भी विरोध किया। कई राजनीतिक व धार्मिक हिंदू नेताओं ने भी डॉ. आंबेडकर से धर्म-परिवर्तन का विचार छोड़ने के लिए आग्रह किया। उन्होंने कहा कि, वह हिंदू ही रहने को तैयार हैं; पर इससे पहले हिंदुओं को जातिवाद को मिटाना होगा।

डॉ. आंबेडकर व्यक्तिगत धर्म-परिवर्तन नहीं चाहते थे। वह

सामूहिक धर्म-परिवर्तन करवाना चाहते थे। इसके लिए वह लोगों से मिलकर और अपने भाषणों से जागरूकता फैलाने लगे। ऐसी ही एक सभा में उन्होंने कहा था कि "प्रगति के लिए आवश्यक है कि आप महत्त्वाकांक्षी हों और पूरी तरह आशावादी हों। जिस व्यक्ति में उम्मीदें, इच्छाएँ और लक्ष्य हैं, वही सही मायने में जीवित है। व्यक्ति के जीवन का सबसे बड़ा कर्तव्य है कि वह आंतरिक मूल्यों को बचाए रखे, पुरानी मान्यताओं और रिवाजों को खत्म करे। हमेशा आशावादी रहे। आपको परिश्रमी और ईमानदार होना चाहिए। यदि व्यक्ति सही है तो समुदाय और राष्ट्र को ताकत मिलेगी और यही उनका अहोभाग्य होगा।''

दलित धर्म-परिवर्तन का अपना विचार नहीं बदलेंगे, भले ही भगवान् उन्हें समझाने आ जाएँ। मैं आपको आपकी दयनीय दशा से निकालना चाहता हूँ। मेरा इसमें व्यक्तिगत हित भी है। आपको अपनी जिम्मेदारियों के प्रति स्वयं उत्तरदायी होना होगा। अगर आप मेरा अनुकरण करें तो उदारवादी हो जाएँगे।

पुणे में जनवरी 1936 में आयोजित एक सम्मेलन में डॉ. आंबेडकर ने कहा, "दलित धर्म-परिवर्तन का अपना विचार नहीं बदलेंगे, भले ही भगवान् उन्हें समझाने आ जाएँ। मैं आपको आपकी दयनीय दशा से निकालना चाहता हूँ। मेरा इसमें व्यक्तिगत हित भी है। आपको अपनी जिम्मेदारियों के प्रति स्वयं उत्तरदायी होना होगा। अगर आप मेरा अनुकरण करें तो उदारवादी हो जाएँगे।"

धर्म-परिवर्तन के विषय में व्यस्त होते हुए भी उन्होंने और भी कई महत्त्वपूर्ण विषयों के लिए कार्य किया। जैसे उन्होंने बाकी

तकनीकी विषयों की तरह ही कानून के अध्ययन को भी डिग्री कोर्स बनाने को कहा। उन्होंने समाज-शास्त्र, मनोविज्ञान, तर्क-शास्त्र और वाद-विवाद जैसे विषय को कानूनी अध्ययन में जोड़ने को कहा; क्योंकि एक वकील के लिए ये सभी कौशल अनिवार्य हैं।

डॉ. आंबेडकर ने 1937 में एक पुस्तक भी लिखी–'एनिलिलेशन ऑफ कास्ट' यह एक महत्त्वपूर्ण पुस्तक है, जिसमें उन्होंने जातिवाद पर गंभीर विचार दिए थे। महात्मा गांधी ने भी इस पुस्तक की प्रशंसा की थी।

□

10

वर्ष 1935 में भारत सरकार के लिए प्रस्तावित चुनाव

सन् 1935 में भारत में स्वतंत्र सरकार बनाने का निर्णय लागू हुआ। इस निर्णय के अनुसार, राज्य में स्वतंत्र शासन का प्रावधान दिया गया था और राज्यों में स्वतंत्र सरकार बनाने को कहा गया। अगस्त 1936 में डॉ. आंबेडकर ने नई पार्टी बनाई, जिसे 'स्वतंत्र लेबर पार्टी' का नाम दिया गया। इस पार्टी की घोषणा में नए उद्योगों की उन्नति और पुरानों को चलाते रहने पर बल दिया गया था, ताकि भूमिहीन मजदूरों को शोषण से बचाया जा सके।

17 फरवरी, 1937 को चुनाव होनेवाले थे। डॉ. आंबेडकर ने अपनी नई पार्टी के लिए बहुत परिश्रम किया। उन्होंने इगतपुरी, सिनार, नासिक, नागर, जलगाँव, सतारा, सोलापुर और पुणे में सभाओं को संबोधित किया। उनकी मेहनत सफल हुई। वह बहुमत से जीते और उनकी पार्टी ने 17 में से 13 सीटों पर विजय हासिल की।

कांग्रेस भी चुनाव जीती, पर वह सरकार बनाने को तैयार नहीं थी। तब सरकार ने सर धनाजीशाह कूपर और जमनादास मेहता से मंत्रिमंडल बनाने के लिए कहा। कांग्रेस ने डॉ. आंबेडकर से

'अविश्वास प्रस्ताव' पर हस्ताक्षर करने को कहा, पर उन्होंने इनकार कर दिया।

कूपर सरकार ने 16 जुलाई, 1937 को इस्तीफा दे दिया। कांग्रेस सरकार बनी। कांग्रेस प्रतिनिधियों और डॉ. आंबेडकर ने शपथ ग्रहण की। उन्होंने 17 सितंबर, 1937 को किसानों के लिए एक 'बिल' पास कराया। वह पहले सदस्य थे जिसने यह कार्य किया।

इस बीच डॉ. आंबेडकर दलितों की उन्नति के लिए संघर्ष करते रहे। उन्होंने सोलापुर में आयोजित एक सभा में कहा, "प्रगति तब तक नहीं होगी जब तक जातिवाद का खात्मा नहीं होगा। आर्थिक शोषण तब तक समाप्त नहीं होगा जब तक गरीब अमीरों से हक नहीं माँगेंगे। हमारे आत्मविश्वास का यह आंदोलन ही हमारे हितों की रक्षा करेगा।"

डॉ. आंबेडकर ने असेंबली में आए उस प्रस्ताव का समर्थन किया। यह प्रस्ताव जमनादास मेहता का था। इस प्रस्ताव में न्याय व्यवस्था के दौरान सरकार की दखलअंदाजी का विरोध किया गया था। इस प्रस्ताव के समर्थन में उन्होंने कहा, "भारत में दंड न्यायालय में अपराधी की अपील पर सुनवाई नहीं होती है, जब तक उसने न्यायिक सिद्धांतों का उल्लंघन न किया हो। यह लोगों के दिमाग में न्याय-प्रणाली के प्रति तटस्थता और संदेह पैदा करता है। एक अपराधी को क्षमा करना कानून को कमजोर बनाता है। क्या गृहमंत्री ने मुख्यमंत्री से इस विषय में राय ले ली है?"

मई 1938 में डॉ. आंबेडकर ने लॉ कॉलेज के प्रधानाचार्य के पद से इस्तीफा दे दिया। कोंकण की यात्रा के दौरान उन्होंने दलितों से पुनः आग्रह किया कि मृत पशुओं का चमड़ा आदि न निकालें और न ही उनका मांस खाएँ। बाबा साहब जानते थे कि उनके द्वारा जागरूकता फैलाने के बावजूद कुछ अब भी ऐसा घृणित कार्य करते हैं।

□

11

युद्ध के वर्ष

सन् 1939 में द्वितीय विश्व युद्ध, जर्मनी द्वारा पोलैंड पर हमले के कारण, आरंभ हो चुका था। भारत भी इस युद्ध में शामिल था। कांग्रेस के अनुसार, एडोल्फ हिटलर और मुसोलिनी जैसे तानाशाह विश्व के लिए खतरनाक साबित हो गए थे। इसलिए हर लोकतांत्रिक देश का यह पहला कर्तव्य था कि वह ऐसे तानाशाहों के विरुद्ध लड़े। डॉ. आंबेडकर भी चाहते थे कि ब्रिटिश सरकार जर्मनी के विरुद्ध लड़ें। परंतु वे कांग्रेस के रवैए से बहुत खुश नहीं थे। उनके अनुसार, कांग्रेस इस तरह पेश आ रही थी कि जैसे वही भारत की एकमात्र प्रतिनिधि थी। डॉ. आंबेडकर यह भी चाहते थे कि ब्रिटिश सरकार युद्ध के बाद की अपनी नीति स्पष्ट करे।

अक्तूबर 1939 में भारत के वायसराय लॉर्ड लिनलिथगो ने कांग्रेस व डॉ. आंबेडकर के साथ युद्ध के बाद की अपनी नीति की चर्चा की। उन्होंने चर्चा के बाद यह घोषणा की कि युद्ध की समाप्ति के बाद भारत में कई सुधार लाए जाएँगे और प्रत्येक वर्ग की राय इसमें ली जाएगी। कांग्रेस को वायसराय की इन बातों से संतुष्टि नहीं मिली। उसने अस्थायी कांग्रेस मंत्रियों से इस्तीफा देने के लिए कहा।

डॉ. आंबेडकर ने कांग्रेस के इस निर्णय का विरोध किया। उन्होंने कहा, "देशभक्ति केवल कांग्रेस की बपौती नहीं है। बाकी पार्टियों की भी अपनी स्वतंत्र राय है।" वह मुसलिम लीग के रवैए से भी खुश नहीं थे।

यही वह समय था जब मुसलिम लीग अलग मुसलिम देश बनाने की सोच को बढ़ावा दे रही थी। डॉ. आंबेडकर ने इसी विषय को लेकर एक पुस्तक लिखी, जिसका शीर्षक 'थॉटस ऑन पाकिस्तान' था। इस पुस्तक का प्रकाशन सन् 1940 में हुआ था। डॉ. आंबेडकर के अनुसार, यह सभी के हित में होगा, यदि मुसलमानों को अपना अलग देश बना लेने दें। मुसलमान ज्यादा धार्मिक थे और समाज-सुधार के विरुद्ध थे। इसलाम विश्व का एक प्रमुख धर्म है और इसके सिद्धांत स्थायी हैं। डॉ. आंबेडकर का विश्वास था कि मेहनती हिंदू सिपाही कहीं आवश्यक हैं भारत की सुरक्षा के लिए, न कि सुरक्षित सीमाएँ।

डॉ. आंबेडकर ने कांग्रेस के इस निर्णय का विरोध किया। उन्होंने कहा, "देशभक्ति केवल कांग्रेस की बपौती नहीं है। बाकी पार्टियों की भी अपनी स्वतंत्र राय है।" वह मुसलिम लीग के रवैए से भी खुश नहीं थे।

उन्होंने तुर्किस्तान, ग्रीस तथा अन्य कई देशों के उदाहरण दिए। उनके मतानुसार, यदि भारत एक शक्तिशाली केंद्रीय सरकार चाहती है, तो अलग मुसलिम देश होना बहुत आवश्यक था। महात्मा गांधी और जिन्ना दोनों ने इस पुस्तक को भारत-पाकिस्तान मुद्दे को समझने का एक अच्छा माध्यम माना। इसी पुस्तक का दूसरा संस्करण वर्ष 1945 में छपा। इस बार उसके शीर्षक में परिवर्तन

था 'पाकिस्तान ऐंड द पार्टीशन ऑफ दि इंडिया'। इस पुस्तक में विभाजन के मुद्दे को धार्मिक नजरिए से लिया गया था, जिसे सरकार, कांग्रेस और मुसलिम लीग गंभीरता से नहीं ले रहे थे।

डॉ. आंबेडकर हमेशा से महारों को फौज में नियुक्ति के पक्ष में थे। 1941 के करीब उन्होंने गवर्नर से आग्रह किया कि महारों की 'महार रेजीमेंट' नाम की एक नई टुकड़ी बनाई जाए।

इसी बीच ब्रिटिश सरकार ने सर क्रिप्स को भारत की राजनीतिक समस्या सुलझाने के लिए नियुक्त किया। क्रिप्स प्रतिनिधिमंडल भारत में 1942 में आया और उसने राजनीतिक मुद्दों की कांग्रेस, मुसलिम लीग और हिंदू महासभा के साथ चर्चा की। डॉ. आंबेडकर और एम.सी. राजा भी इस प्रतिनिधिमंडल से मिले। क्रिप्स प्रतिनिधिमंडल ने तय किया कि युद्ध के बाद भारत का संविधान बनाने के लिए एक कमेटी का गठन होगा।

इसी बीच ब्रिटिश सरकार ने सर क्रिप्स को भारत की राजनीतिक समस्या सुलझाने के लिए नियुक्त किया। क्रिप्स प्रतिनिधिमंडल भारत में 1942 में आया और उसने राजनीतिक मुद्दों की कांग्रेस, मुसलिम लीग और हिंदू महासभा के साथ चर्चा की। डॉ. आंबेडकर और एम.सी. राजा भी इस प्रतिनिधिमंडल से मिले।

कांग्रेस, मुसलिम लीग और हिंदू महासभा ने इस निर्णय को अस्वीकार कर दिया।

14 अप्रैल, 1942 को डॉ. आंबेडकर पचास वर्ष के हो गए थे। उनकी पार्टी के कार्यकर्ताओं और अनुयायियों ने उनका जन्मदिन

बहुत उत्साह से मनाया। उन्हें एक थैली भी भेंट की गई, पर डॉ. आंबेडकर इस धूमधाम और दिखावे के खिलाफ थे। उन्होंने इस मौके पर कहा, “अगर किसी व्यक्ति की पूजा भगवान् की तरह पूरी लगन व विश्वास के साथ की जाती है तो वह जाति अवनति की तरफ जाने लगती है। कोई भी ईश्वरीय गुणों के साथ पैदा नहीं होता। यह आपके ऊपर निर्भर है कि आप उन्नति या अवनति किस तरफ जाना चाहते हैं। यह इस पर निर्भर करता है कि आप अपना जीवन कैसे बिताते हैं।”

वर्ष 1942 एक ऐतिहासिक वर्ष था। महात्मा गांधी ने ‘भारत छोड़ो’ आंदोलन आरंभ किया था। सभी लोगों ने ब्रिटिश सरकार का विरोध किया। ब्रिटिश सरकार इतने बड़े पैमाने पर होनेवाले विरोध से हिल गई थी। यह वर्ष दलितों के लिए, खासकर डॉ. आंबेडकर के लिए, भी ऐतिहासिक वर्ष था।

वर्ष 1942 एक ऐतिहासिक वर्ष था। महात्मा गांधी ने ‘भारत छोड़ो’ आंदोलन आरंभ किया था। सभी लोगों ने ब्रिटिश सरकार का विरोध किया। ब्रिटिश सरकार इतने बड़े पैमाने पर होनेवाले विरोध से हिल गई थी। यह वर्ष दलितों के लिए, खासकर डॉ. आंबेडकर के लिए, भी ऐतिहासिक वर्ष था। पहली बार एक दलित डॉ. आंबेडकर को मंत्री बनाया गया। लॉर्ड लिनलिथगो ने उन्हें वायसराय के सलाहकार का पद दिया।

लॉर्ड लिनलिथगो भारत छोड़ो आंदोलन से इतने नाराज थे कि उन्होंने सभी नेताओं को गिरफ्तार कर अंडमान जेल भेजने का आदेश जारी किया। डॉ. आंबेडकर ने वायसराय के आदेश का

कड़ा विरोध किया। उन्होंने चेतावनी देते हुए कहा, "सभी नेताओं की गिरफ्तारी और उन्हें अंडमान जेल भेजने के आदेश से ब्रिटिश सरकार का सम्मान और उसकी गरिमा को धक्का लगेगा। सरकार को ऐसे अलोकतांत्रिक तरीके नहीं अपनाने चाहिए।"

महात्मा गांधी को गिरफ्तार कर लिया गया और पूना के आगा खाँ महल में रखा गया। गांधीजी ने 10 फरवरी, 1943 से अनशन करना आरंभ किया। कुछ नेताओं ने वायसराय की समिति से इस्तीफा दे दिया। यह उन्होंने गांधीजी के समर्थन में किया। परंतु डॉ. आंबेडकर इस पद पर बने रहे।

महात्मा गांधी को गिरफ्तार कर लिया गया और पूना के आगा खाँ महल में रखा गया। गांधीजी ने 10 फरवरी, 1943 से अनशन करना आरंभ किया। कुछ नेताओं ने वायसराय की समिति से इस्तीफा दे दिया। यह उन्होंने गांधीजी के समर्थन में किया। परंतु डॉ. आंबेडकर इस पद पर बने रहे।

विश्व युद्ध वर्ष 1945 में समाप्त हुआ। मित्र राष्ट्र यह युद्ध जीत गए। जर्मनी, इटली और जापान को अपमानजनक पराजय का मुँह देखना पड़ा। ब्रिटेन में चुनाव हुए और लेबर पार्टी शासन में आई।

लेबर पार्टी भारत को आजादी देने के पक्ष में थी। प्रधानमंत्री एटली ने स्टेनफोर्ड क्रिप्स का प्रतिनिधिमंडल भेजा। ए.वी. अलेक्ज़ेंडर और लॉर्ड पथिक भी उसके सदस्य थे। यह प्रतिनिधिमंडल एक ऐसी सक्रिय कार्यप्रणाली चाहता था, जिसके तहत भारत को स्वतंत्रता दी जा सके।

प्रधानमंत्री एटली हिंदू-मुसलिम समस्या का भी संतोषजनक हल चाहते थे।

यह तय किया गया कि भारत दो देशों में विभाजित किया जाएगा–भारत और पाकिस्तान। पाकिस्तान, जहाँ मुसलमान अधिक संख्या में रहेंगे। महात्मा गांधी ने इस विभाजन का विरोध किया, पर डॉ. आंबेडकर ने इसका समर्थन किया; क्योंकि वह सोचते थे कि इस तरह हिंदुओं व मुसलमानों की दुश्मनी समाप्त हो जाएगी।

अंतरिम सरकार बनाने के लिए चुनाव घोषित हुए। कांग्रेस और मुसलिम लीग ने अपने-अपने प्रतिनिधि इस चुनाव के लिए खड़े किए। डॉ. आंबेडकर ने भी अपने प्रतिनिधि अपनी पार्टी 'रिपब्लिकन पार्टी ऑफ इंडिया' से खड़े किए। उनके प्रतिनिधि बहुत कम थे, क्योंकि यह चुनाव कांग्रेस और लीग के बीच ताकत का मुकाबला था, हिंदू व मुसलमानों का मुकाबला था। मतदाताओं ने धर्म के आधार पर मत दिया। यह समय कांग्रेस व लीग के लिए भारत पर अपनी पकड़ दिखाने का था और इसी हिसाब से अपने लिए विभाजन की भूमि माँगने का था।

अंतरिम सरकार बनाने के लिए चुनाव घोषित हुए। कांग्रेस और मुसलिम लीग ने अपने-अपने प्रतिनिधि इस चुनाव के लिए खड़े किए। डॉ. आंबेडकर ने भी अपने प्रतिनिधि अपनी पार्टी 'रिपब्लिकन पार्टी ऑफ इंडिया' से खड़े किए। उनके प्रतिनिधि बहुत कम थे, क्योंकि यह चुनाव कांग्रेस और लीग के बीच ताकत का मुकाबला था, हिंदू व मुसलमानों का मुकाबला था।

डॉ. आंबेडकर भी केंद्रीय असेंबली में दलित वर्ग के प्रतिनिधि के रूप में बंगाल असेंबली से चुने गए। वे कांग्रेस के रवैए से खुश नहीं थे। उन्होंने यह गौर

किया कि महात्मा गांधी से उनके संबंध अच्छे न होने के कारण कांग्रेस के लोग ऐसा कोई भी अवसर नहीं छोड़ते थे, जहाँ उनके अधिकारों को कम कर सकें।

4 जून, 1946 को 'दलित फेडरेशन' की एक सभा का आयोजन किया गया। एन. शिवराज ने इसका नेतृत्व किया। इसमें हरिजनों के लिए 'अलग क्षेत्र' का अधिकार माँगा गया था, वरना उन्हें विधानसभा में, काउंसिल में प्रतिनिधित्व नहीं मिलता। अंतरिम सरकार ने सभा का यह प्रस्ताव रद्द कर दिया।

अंतरिम सरकार ने हिंदुओं और मुसलमानों का समान प्रतिनिधित्व स्वीकार किया, पर दलितों को विशेष प्रतिनिधित्व नहीं दिया गया था। डॉ. आंबेडकर ने इसका विरोध किया। कांग्रेस उनके इस विरोध से खुश नहीं थी। कांग्रेस के कुछ गुमराह समर्थकों ने आंबेडकर के प्रिंटिंग प्रेस में आग लगा दी।

29 अप्रैल, 1948 को सरदार पटेल ने अस्पृश्यता की समाप्ति के लिए एक बिल पेश किया, जो पास भी हुआ। भारत में अस्पृश्यता को गैर-कानूनी करार दिया गया। यह डॉ. आंबेडकर के लिए एक बड़ी जीत थी। उन्होंने अपना पूरा जीवन इसके लिए लगा दिया, पर प्रेस ने उनके योगदान पर ध्यान नहीं दिया।

□

12

स्वतंत्रता और नया संविधान

15 अगस्त, 1947 को भारत को आजादी मिली, पर भारत का विभाजन दो देशों में हो गया–भारत और पाकिस्तान के रूप में। पं. जवाहरलाल नेहरू ने प्रधानमंत्री पद की शपथ ली।

पं. जवाहरलाल नेहरू हमेशा डॉ. आंबेडकर का सम्मान उनके ज्ञान व साहस के लिए करते थे। उनको विश्वास था कि डॉ. आंबेडकर को देश के कानून का गहरा और ठोस ज्ञान था।

उन्होंने डॉ. आंबेडकर को कैबिनेट में कानून मंत्री का पद दिया। यह डॉ. आंबेडकर के लिए आश्चर्य की बात थी। उन्होंने प्रसन्नता से यह पद स्वीकार कर लिया।

29 अगस्त, 1947 को एक कमेटी का गठन किया गया, जो नए भारत के संविधान का प्रारूप तैयार करेगी। डॉ. राजेंद्र प्रसाद इस कमेटी के अध्यक्ष बनाए गए। डॉ. आंबेडकर को इस कमेटी की अध्यक्षता करने के लिए नेहरूजी ने कहा। उनका इस कार्य में अन्य सदस्यों ने भी सहयोग दिया। उन्होंने प्रसन्नतापूर्वक यह चुनौती स्वीकार की।

जब डॉ. आंबेडकर ने प्रारूप पर काम करना प्रारंभ किया तो उन्हें लगा कि कमेटी के कुछ सदस्य उनको कमेटी के सदस्य

बनाए जाने से उत्साहित नहीं थे। उन्होंने उन्हें अनदेखा किया और इस महत्त्वपूर्ण कार्य को पूरी जिम्मेदारी से करना आरंभ किया। छह महीने के भीतर उन्होंने असेंबली अध्यक्ष डॉ. राजेंद्र प्रसाद के समक्ष इस संविधान के प्रारूप को प्रस्तुत किया। इस संविधान में 315 अनुच्छेद और 8 परिशिष्ट थे।

जब डॉ. आंबेडकर इस संविधान पर काम कर रहे थे तो उनका स्वास्थ्य तेजी से गिरता जा रहा था। उन्हें लगातार चिकित्सा की आवश्यकता पड़ रही थी। इस दौरान वह बंबई के मावलंकर अस्पताल की डॉ. शारदा कबीर के संपर्क में आए और उनसे निकटता महसूस की तथा विवाह करने का निश्चय किया। 15 अप्रैल, 1948 को उन्होंने दूसरी बार विवाह किया। अब उनके घर में ही उन्हें एक डॉक्टर मिल गई, जो उनके स्वास्थ्य का ध्यान रखने लगी थीं।

जब डॉ. आंबेडकर इस संविधान पर काम कर रहे थे तो उनका स्वास्थ्य तेजी से गिरता जा रहा था। उन्हें लगातार चिकित्सा की आवश्यकता पड़ रही थी। इस दौरान वह बंबई के मावलंकर अस्पताल की डॉ. शारदा कबीर के संपर्क में आए और उनसे निकटता महसूस की तथा विवाह करने का निश्चय किया।

हर व्यक्ति डॉ. आंबेडकर के इस सर्वश्रेष्ठ कार्य से प्रभावित था जो उन्होंने संविधान का प्रारूप बनाकर कर दिखाया था। टी.टी. कृष्णमाचारी ने असेंबली में दिए अपने भाषण में उनकी निष्ठा की प्रशंसा करतें हुएं कहा, "जिन सात सदस्यों को संविधान बनाने के लिए चुना गया था उनमें से एक ने इस्तीफा दे दिया, एक का निधन हो गया, एक अमेरिका

चला गया, एक अपने अन्य कार्य में अधिक व्यस्त रहा, एक-दो दिल्ली से दूर रहते थे, कुछ को खराब सेहत की वजह से छोड़ना पड़ा। सिर्फ डॉ. आंबेडकर ही एकमात्र ऐसे व्यक्ति थे जिन्हें इस कार्य को सँभालना पड़ा।"

अपने ऐतिहासिक भाषण में संविधान प्रस्तुत करते समय उन्होंने कहा, "जो संविधान मैं प्रस्तुत कर रहा हूँ, वह अच्छा या बुरा हो सकता है, यह इस बात पर निर्भर करता है कि इसका उपयोग ऑफिस के लोग किस तरह करते हैं। भारत ने अपनी आजादी हममें एकता नहीं होने की वजह से खो दी थी, जो शासन में था, उसने विश्वासघात किया।"

डॉ. आंबेडकर ने लंबे समय से यह स्वप्न देखा था कि हिंदू धर्म में सुधार लाए जाएँ। उन्होंने एक विशेष 'बिल' पर कार्य किया, जिसे 'हिंदू कोड बिल' के नाम से प्रस्तुत किया। सभी कट्टर हिंदुओं ने इसका विरोध किया। जिन लोगों ने डॉ. आंबेडकर के संविधान बनाने के कार्य की प्रशंसा की थी, वे भी उनका विरोध करने लगे। यहाँ तक कि डॉ. राजेंद्र प्रसाद भी उनका समर्थन करने को तैयार नहीं थे। पर पं. जवाहरलाल नेहरू और सरोजिनी नायडू चाहते थे कि यह बिल कानून बन जाए; पर जोरदार विरोध की वजह से उन्होंने भी अपने हाथ पीछे खींच लिए और बिल धरा रह गया।

□

13

बौद्ध धर्म में परिवर्तन

बिल के रूप में अपने इस स्वप्न के टूट जाने के बाद डॉ. आंबेडकर भी पूरी तरह बिखर गए। उन्हें लगा कि दलितों को तब तक उनके अधिकार कभी नहीं मिलेंगे, जब तक वे हिंदू धर्म अपनाए रहेंगे। उन्होंने अपना मन बना लिया कि वह बौद्ध धर्म अपनाएँगे। वह बौद्ध धर्म में रुचि रखते थे, क्योंकि वह सोचते थे कि इसलाम और ईसाई धर्म भारतीय संस्कृति को भिन्न मानते थे। वह सोचते थे कि बौद्ध धर्म कहीं ज्यादा आधुनिक व उदार धर्म है। एक बार उन्होंने 'राइज ऐंड फॉल ऑफ हिंदू वुमेन' नामक लेख में लिखा था, "जो आजादी हिंदू औरतों ने बौद्ध काल में पाई वह 'अनइहिलटेड' थी।" उन्होंने आगे लिखा, "बुद्ध ने स्त्रियों को परिव्राजक या भिक्षुणी माना था, अतः उन्होंने उन्हें ज्ञान प्राप्ति की आजादी दी थी। उन्हें स्व-उन्नति का भी हक मिला था। बुद्ध ने पूरे समुदाय में क्रांति ला दी थी। स्त्रियों को उन्होंने आजादी तथा आत्मसम्मान दिया था। मनु औरतों को बौद्ध धर्म नहीं अपनाने देना चाहते थे। उन्हें वह कई तरह से जकड़े रहना चाहते थे और उन्हें गुलाम बनाए रखना चाहते थे।"

डॉ. आंबेडकर अब अकेलापन महसूस करने लगे थे। उन्हें नेहरूजी पर विश्वास था, पर नेहरूजी ने भी उन्हें धोखा दिया। उन्हें

यह नैतिक नहीं लग रहा था कि वह सरकार में बने रहें। उन्होंने अपना त्यागपत्र 27 सितंबर, 1951 को प्रधानमंत्री पं. नेहरू को भेज दिया। वह सदन में अपने त्यागपत्र के बारे में बात करना चाहते थे, पर 'स्पीकर' ने उन्हें इसका अवसर नहीं दिया। वह अपना विरोध जताते हुए सदन से उठकर चले गए। उन्होंने अपना बयान वहाँ खड़े अखबारों के रिपोर्टरों को पकड़ा दिया।

जब समाज अतीत को पीछे छोड़ रहा हो और भविष्य की तरफ बढ़ रहा हो, तब उसके लिए सच्ची कसौटी है विवेक। जहाँ समाज जातिवाद तथा असमानता से घिरा हो, वहाँ हिंदू धर्म को छुए बिना लगातार आर्थिक कानून बनाकर समाज को बदलने की बात करना संविधान का मजाक उड़ाना है और रेत का महल बनाने जैसा है।

उन्होंने अपने बयान में कहा था, "जब समाज अतीत को पीछे छोड़ रहा हो और भविष्य की तरफ बढ़ रहा हो, तब उसके लिए सच्ची कसौटी है विवेक। जहाँ समाज जातिवाद तथा असमानता से घिरा हो, वहाँ हिंदू धर्म को छुए बिना लगातार आर्थिक कानून बनाकर समाज को बदलने की बात करना संविधान का मजाक उड़ाना है और रेत का महल बनाने जैसा है।"

यह उनके राजनीतिक जीवन का अंत नहीं था। पहले आम चुनाव वर्ष 1952 में हुए थे। डॉ. आंबेडकर ने सोशलिस्ट पार्टी से चुनाव लड़ा, पर उनकी पराजय हुई, पर वह हिम्मत नहीं हारे। मार्च 1952 में वह राज्यसभा के सदस्य चुने गए।

मई 1953 में डॉ. आंबेडकर ने बुद्ध परिनिर्वाण दिवस के

अवसर पर लगभग पचास हजार लोगों को संबोधित किया। उन्होंने लोगों से कहा कि अब से वे अपना जीवन बौद्ध धर्म को समर्पित करेंगे।

डॉ. आंबेडकर राज्यसभा के सदस्य के रूप में अपना कर्तव्य निर्वाह कर रहे थे। तभी 2 सितंबर, 1953 को आंध्र प्रदेश बनाने का एक बिल लाया गया। डॉ. आंबेडकर ने सरकार की नीति की आलोचना की। उन्होंने कहा, "पोटि मा. रामलु ने अपना बलिदान सिद्धांतों के लिए दिया था। अगर यह किसी और देश में हुआ होता तो लोग सरकार गिरा देते।"

डॉ. आंबेडकर राज्यसभा के सदस्य के रूप में अपना कर्तव्य निर्वाह कर रहे थे। तभी 2 सितंबर, 1953 को आंध्र प्रदेश बनाने का एक बिल लाया गया। डॉ. आंबेडकर ने सरकार की नीति की आलोचना की। उन्होंने कहा, "पोटि मा. रामलु ने अपना बलिदान सिद्धांतों के लिए दिया था। अगर यह किसी और देश में हुआ होता तो लोग सरकार गिरा देते।"

बाबा साहब का स्वास्थ्य उन दिनों ठीक नहीं था, पर फिर भी वह आचार्य सद्दे की नई फिल्म 'महात्मा' के उद्घाटन समारोह में भाग लेने गए। यह समारोह 4 जनवरी, 1954 को संपन्न हुआ था। यह फिल्म महात्मा ज्योतिबाराव फुले के जीवन पर आधारित थी, जिन्हें डॉ. आंबेडकर अपना तीसरा गुरु मानते थे। उनके पहले श्रेष्ठगुरु भगवान बुद्ध और दूसरे गुरु कबीर दासजी थे।

मई 1954 में बांद्रा सीट के लिए उपचुनाव हुआ, जो रिक्त थी। डॉ. आंबेडकर इस सीट के लिए चुनाव लड़े, पर 6,381 मतों

से पराजित हुए।

बाबा साहब डॉ. आंबेडकर ने बर्मा की राजधानी रंगून से 7 कि.मी. दूर कवायें नामक स्थान पर दिसंबर 1954 में आयोजित तृतीय 'विश्व बौद्ध भ्रातृत्व सम्मेलन' में हिस्सा लिया।

24 मई, 1956 को महात्मा बुद्ध के जन्मदिन के अवसर पर उन्होंने कहा कि अक्तूबर में वह बौद्ध धर्म में दीक्षा ले लेंगे।

बाबा साहब ने 14 अक्तूबर, 1956 विजयादशमी के दिन को बौद्ध धर्म में दीक्षा लेने के लिए चुना। 11 अक्तूबर को बाबा साहब अपनी पत्नी तथा अपने सचिव के साथ नागपुर रवाना हो गए। वहाँ पहुँचकर उन्होंने प्रेस को संबोधित करते हुए कहा, "मैंने गांधीजी से वादा किया था कि मैं वह राह चुनूँगा जो हिंदुत्व को कम-से-कम नुकसान पहुँचाएगी। बौद्ध धर्म हिंदू धर्म का ही एक पंथ है।" बौद्ध धर्माधिकारी महाथेर चंद्रमणि ने उन्हें और उनकी पत्नी को बौद्ध धर्म में दीक्षा दी।

यह 14 अक्तूबर, 1956 की सुबह थी, जब डॉ. आंबेडकर ने अपने लगभग पाँच लाख अनुयायियों के साथ बौद्ध धर्म में दीक्षा ली। इस घटना के बाद बहुत से दलित बौद्ध धर्म में परिवर्तित हो गए। आज भी दलितों में यह धर्म-परिवर्तन जारी है।

□

14
अंत

दीक्षा लेने के बाद बाबा साहब डॉ. आंबेडकर दिल्ली गए। उन्होंने कई बौद्ध धर्म स्थलों का भ्रमण किया। हालाँकि उनका स्वास्थ्य लगातार बिगड़ता जा रहा था। उन्होंने चौथे बौद्ध सम्मेलन में भी भाग लिया। यह सम्मेलन 15 नवंबर, 1956 को काठमांडू के सिन्हा दरबार हॉल में आयोजित किया गया था। वह 30 नवंबर, 1956 को कुशीनारा भी गए।

बाबा साहब बूढ़े हो गए थे। उन्हें चिंता थी कि वह अपना मकसद पूरा किए बिना ही मर जाएँगे। बाबा साहब मृत्यु से डरते नहीं थे। एक बार उन्होंने अपने सचिव श्री नानकचंद रत्तू से कहा भी था, "मैं मृत्यु से डरता नहीं हूँ। जब भी वह आए, उसका सामना करने को तैयार हूँ।"

4 दिसंबर, 1956 को डॉ. आंबेडकर ने थोड़ी देर राज्यसभा में भाग लिया। फिर उन्होंने कुछ पत्र लिखवाए। 5 दिसंबर, 1956 को उन्होंने सारा दिन अपने दफ्तर में काम किया। शाम को उन्होंने अपने सचिव रत्तू से कहा कि वह उनकी पुस्तक 'बुद्ध और उनका धर्म' के टाइप किए हुए पृष्ठ ले आएँ। वह रात में इस पर कार्य करना चाहते थे। बाबा साहब 6 दिसंबर, 1956 की सुबह नहीं देख पाए।

जब उनकी पत्नी सुबह 7:30 बजे उनके अध्ययन कक्ष में पहुँचीं तो उन्होंने देखा कि डॉ. आंबेडकर यह दुनिया छोड़कर जा चुके थे। उन्होंने तुरंत उनके सचिव को बुलाया और उनके सहकर्मियों व कैबिनेट मंत्रियों को उनके निधन की सूचना दी।

प्रधानमंत्री पं. जवाहरलाल नेहरू और अन्य मंत्री बाबा साहब

के निवास स्थान पर उन्हें श्रद्धांजलि देने पहुँच गए। शीघ्र ही एक विशेष हवाई जहाज द्वारा उनके शव को बंबई ले जाया गया।

सारा बंबई नगर इस दुःखद समाचार को पाकर हतप्रभ रह गया। हजारों की संख्या में लोग अपने नेता को अंतिम श्रद्धांजलि देने उनके निवास-स्थान 26, अलीपुर रोड पहुँचे। 7 दिसंबर को उनकी स्मृति में बंबई बंद रहा।

सारा बंबई नगर इस दुःखद समाचार को पाकर हतप्रभ रह गया। हजारों की संख्या में लोग अपने नेता को अंतिम श्रद्धांजलि देने उनके निवास-स्थान 26, अलीपुर रोड पहुँचे। 7 दिसंबर को उनकी स्मृति में बंबई बंद रहा।

उनकी अंतिम यात्रा 7 दिसंबर की दोपहर को आरंभ हुई। पूरे महाराष्ट्र से लाखों लोग अपने प्रिय नेता की अंतिम यात्रा में शामिल होने के लिए आए। उनका अंतिम संस्कार दादर अंत्येष्टि मैदान में किया गया। उनकी चिता को मुखाग्नि उनके इकलौते पुत्र यशवंत राव ने दी। हजारों लोगों ने इस दिन बौद्ध धर्म अपनाने की घोषणा की।

बौद्ध धर्मांतरण

डॉ. आंबेडकर के निधन से एक युग की समाप्ति हो गई। वे एक निपुण राजनीतिज्ञ थे, पर उनकी राजनीतिक योग्यता पर विद्वत्ता की मुहर लगी हुई थी। राजनीति में कदम-कदम पर बेईमानी थी, पर उन्होंने कभी सत्य का दामन नहीं छोड़ा। वे गर्व से कहा करते थे कि मैंने कभी गंदी राजनीति नहीं की। वे अहिंसा को मानते थे, पर हिंसा हो तो शेर की। उनका मानना था कि नींद में सुन्न पड़े रहने को अहिंसा नहीं कहा जा सकता।

उन्होंने दृष्टिहीन अस्पृश्य समाज को स्वाभिमान से जीना सिखाया और उसे स्वावलंबी बनाया। ऐसे समाज में जहाँ व्यक्ति लाचारी से जीता था, जहाँ उसे आम इनसानियत के सामान्य हक भी नहीं थे, ऐसे दलित समाज के हित के लिए उन्होंने आंदोलन चलाए और अपना पूरा जीवन उनके कष्ट-निवारण के लिए होम कर दिया।

सम्मान के उच्च शिखर पर पहुँचने के बाद भी उन्होंने गृहस्थ जीवन को कभी नकारा नहीं। वे जब दिल्ली में रहते थे तो अपने बँगले के लॉन में आराम से बैठकर सामान्य ढंग से भोजन करते थे।

उनके इस भोजन में उनका साथ उनका माली भी देता था। वे एक आम इनसान थे, यह उनके व्यक्तित्व के हर पहलू से झलकता था। बंबई में रहते समय वह कंबल बिछाकर अथवा बिना कुछ बिछाए ही एक बेंच पर भी सो जाते थे।

डॉ. आंबेडकर का व्यक्तित्व एक तूफान की तरह था, जिसने हिंदू समाज को सुधारने के लिए कई भूकंपी झटके दिए थे। पं. नेहरू ने उनके बारे में लिखा था, "डॉ. आंबेडकर हिंदू समाज की दमनकारी प्रवृत्तियों के विरुद्ध किए गए विद्रोह का प्रतीक थे।"

डॉ. आंबेडकर का व्यक्तित्व एक तूफान की तरह था, जिसने हिंदू समाज को सुधारने के लिए कई भूकंपी झटके दिए थे। पं. नेहरू ने उनके बारे में लिखा था, "डॉ. आंबेडकर हिंदू समाज की दमनकारी प्रवृत्तियों के विरुद्ध किए गए विद्रोह का प्रतीक थे।" अन्याय, अत्याचार और अंधश्रद्धा को देखकर वह क्रोध से भड़क उठते थे। किसी-किसी अवसर पर चंडी रूप धारण करनेवाले डॉ. आंबेडकर झट सबकुछ भूलकर

डॉ. आंबेडकर की स्मृति में जारी डाक टिकट

जी भरकर हँसने लगते थे। वे कहा करते थे कि इनसान को दिल खोलकर खूब हँसना चाहिए।

उन्होंने समता, स्वतंत्रता और भ्रातृत्व को जीवन-मूल्य मानकर समाज को बदलने का प्रयत्न किया और इन्हीं सिद्धांतों को माननेवाले बौद्ध धर्म को ग्रहण किया। संक्षेप में हम कह सकते हैं कि बाबा साहब डॉ. आंबेडकर का व्यक्तित्व मानवीय संवेदनाओं और गुणों से भरा एक आदर्श व्यक्तित्व था। उनके निधन से एक महान् व्यक्तित्व को हमने खो दिया।

□

15

डॉ. आंबेडकर ने बौद्ध धर्म ही क्यों अपनाया?

लोगों में बहुत उत्सुकता है यह जानने की कि आंबेडकर ने हिंदू धर्म क्यों छोड़ा? आंबेडकर, जिनका जन्म एक अछूत परिवार में हुआ था, उन्होंने अपना सारा जीवन अस्पृश्यता-निवारण की लड़ाई में लगा दिया। अपने जीवन के आखिरी दिनों में उन्होंने हिंदू धर्म को त्याग दिया और बौद्ध धर्म अपनाया। उनके इस निर्णय के पीछे क्या कारण थे?

इस निर्णय के बारे में हमें उनकी पुस्तक 'बुद्ध और उनका धर्म' पढ़कर बहुत कुछ पता चलता है। 'एनइहिलेशन ऑफ कास्ट', 'फिलॉसफी ऑफ हिंदुज्म', 'रिड़िल्ज इन हिन्दुज्म' वगैरह भी पढ़कर तथा उनके लेख, भाषण एवं साक्षात्कार जो उन्होंने बौद्ध धर्म अपनाने से पहले तथा बाद में दिए, इस विषय पर प्रकाश डालते हैं।

'ये ओला सम्मेलन' इस दृष्टि से ऐतिहासिक सम्मेलन था। आंबेडकर का विश्वास था कि अछूतों को 'कमजोर तथा निकृष्ट' माना जाता है, सिर्फ इसलिए क्योंकि वे हिंदू समाज का एक हिस्सा हैं। जब उनके अनेक प्रयत्न विफल हो गए अछूतों को समानता का हक दिलवाने और उन्हें 'आम अधिकार एक इनसान

के रूप में' दिलवाने के, तब उन्होंने सोचा कि अब किसी और धर्म को अपनाना आवश्यक हो गया है। ऐसा धर्म जो अछूतों को समानता का महत्त्व और समानता का हक दे, उनसे उचित व्यवहार करे। उन्होंने अपने समर्थकों से आग्रह किया, "उसी धर्म को चुनिए जो आपको समान महत्त्व, समान अवसर दे और समानता का व्यवहार करे।"

'ये ओला सम्मेलन' इस दृष्टि से ऐतिहासिक सम्मेलन था। आंबेडकर का विश्वास था कि अछूतों को 'कमजोर तथा निकृष्ट' माना जाता है, सिर्फ इसलिए क्योंकि वे हिंदू समाज का एक हिस्सा हैं।

विभिन्न धर्मों के बारे में सोचकर आंबेडकर इस नतीजे पर पहुँचे कि बौद्ध धर्म ही उनके दृष्टिकोण पर सही उतरता है। वर्ष 1950 में महाबोधि सोसाइटी के जर्नल में छपे अपने लेख 'बुद्ध और उनके धर्म का भविष्य' में उन्होंने अपने विचार धर्म और बौद्ध धर्म पर संक्षिप्त रूप में इस प्रकार लिखे–

1. समाज जोड़े रखने के लिए या तो कानून का अनुमोदन होना चाहिए या नैतिकता का। इनके बिना समाज यकीनन टुकड़े-टुकड़े होकर बिखर जाएगा।
2. धर्म को बचाए रखने के लिए उसमें तर्क का सामंजस्य लाना होगा। दूसरे शब्दों में, इसे ही विज्ञान कहते हैं।
3. किसी भी धर्म के लिए केवल यही आवश्यक नहीं है कि उसकी एक आचार-संहिता हो, पर उसकी आचार-संहिता मूलभूत सिद्धांत स्वतंत्रता, समानता और भाईचारे पर आधारित हो, यह भी आवश्यक है।

डॉ. आंबेडकर को यह विश्वास था कि बौद्ध धर्म ही इन आवश्यकताओं को पूरा करता है। अत: सभी धर्मों में यही धर्म विश्व के लिए सही है। उन्हें लगा कि बौद्ध धर्म को प्रचारित करने के लिए एक धर्मग्रंथ की आवश्यकता है। अत: इस आवश्यकता को पूरा करने के लिए डॉ. आंबेडकर ने 'बुद्ध और उनका धर्म' नामक पुस्तक लिखी।

4. किसी भी धर्म को गरीबी का हथियार बनाकर अपनी पवित्रता नहीं बनाए रखनी चाहिए।

डॉ. आंबेडकर को यह विश्वास था कि बौद्ध धर्म ही इन आवश्यकताओं को पूरा करता है। अतः सभी धर्मों में यही धर्म विश्व के लिए सही है। उन्हें लगा कि बौद्ध धर्म को प्रचारित करने के लिए एक धर्मग्रंथ की आवश्यकता है। अतः इस आवश्यकता को पूरा करने के लिए डॉ. आंबेडकर ने 'बुद्ध और उनका धर्म' नामक पुस्तक लिखी।

इसी लेख में डॉ. आंबेडकर ने हिंदू धर्म की बुराइयों को गिनकर बताया है–

1. नैतिक स्वतंत्रता से वंचित है।
2. इसमें महत्त्व अनुरूपता के आदेश का है।
3. कानून अनुचित हैं, क्योंकि ये एक के लिए अलग और दूसरे के लिए अलग हैं। इसके अलावा संहिता ही अंतिम मानी जाती हैं।

डॉ. आंबेडकर का विश्वास था, "जिसे हिंदुओं द्वारा धर्म कहा जाता है वह सिर्फ आदेशों और निषेधों का ढेर है।"

इसी वर्ष में, दिल्ली में बुद्ध जयंती के अवसर पर डॉ. आंबेडकर ने अपने भाषण में हिंदू देवी-देवताओं की आलोचना की और बौद्ध धर्म की प्रशंसा, क्योंकि उनका मानना था कि यह धर्म नैतिक सिद्धांतों पर आधारित है। उन्होंने यह भी कहा कि धर्मों के प्रवर्तकों की तरह स्वयं को ईश्वर का दूत मानने की जगह बुद्ध स्वयं को सिर्फ परामर्शदाता कहते हैं और उन्होंने धर्म को एक क्रांतिकारी अर्थ दिया है। डॉ. आंबेडकर के अनुसार, हिंदू धर्म असमानता को दरशाता है तो बौद्ध धर्म समानता को।

मई 1956 में डॉ. आंबेडकर ने व्याख्यान दिया, जिसका शीर्षक था 'मुझे बौद्ध धर्म क्यों पसंद है और यह मौजूदा हालात में विश्व के लिए क्यों लाभकारी है'। यह व्याख्यान उन्होंने लंदन में ब्रिटिश ब्रॉडकास्टिंग कॉरपोरेशन में दिया था।

मई 1956 में डॉ. आंबेडकर ने व्याख्यान दिया, जिसका शीर्षक था 'मुझे बौद्ध धर्म क्यों पसंद है और यह मौजूदा हालात में विश्व के लिए क्यों लाभकारी है'। यह व्याख्यान उन्होंने लंदन में ब्रिटिश ब्रॉडकास्टिंग कॉरपोरेशन में दिया था।

उन्होंने कहा था, "मैं बौद्ध धर्म को इन तीन सिद्धांतों की वजह से प्राथमिकता देता हूँ। बौद्ध धर्म हमें 'प्रजन' (अंधविश्वास और अलौकिकता के विरुद्ध समझ), करुणा (प्रेम) और समता (समानता) सिखाता है। यही सब व्यक्ति अच्छे और खुशहाल जीवन के लिए चाहते हैं। ईश्वर और आत्मा समाज को बचा नहीं सकते।"

24 मई, 1956 के भाषण में उन्होंने बौद्ध धर्मांतरण के बारे में, उसे अपनाने के विषय में कहा था, "हिंदू धर्म ईश्वर में विश्वास

करता है। बौद्ध धर्म में ईश्वर नहीं है। हिंदू आत्मा में विश्वास करते हैं, पर बौद्ध धर्म के अनुसार आत्मा नहीं होती है। हिंदू चतुर्वर्ण में जातिवाद में विश्वास करते हैं। बौद्ध धर्म में जातिवाद और चतुर्वर्ण का कोई स्थान नहीं है।''

डॉ. आंबेडकर बौद्ध धर्म को हिंदू धर्म से अधिक विवेकपूर्ण मानते थे। उनका मुख्य विरोध हिंदू धर्म से यह था कि वह असमानता और अस्पृश्यता को सही मानता है। उसके चारों वर्ण इसका प्रमाण हैं।

दूसरी तरफ बौद्ध धर्म मूलतः चतुर्वर्ण का विरोध करता है और समानता का समर्थन करता है। उनके अनुसार, 'प्रजन' और 'समता' व 'करुणा' अकेले ही बौद्ध धर्म की मुख्य शिक्षा देते हैं कि अच्छे और खुशहाल जीवन के लिए इतना ही आवश्यक है।

दूसरी तरफ बौद्ध धर्म मूलतः चतुर्वर्ण का विरोध करता है और समानता का समर्थन करता है। उनके अनुसार, 'प्रजन' और 'समता' व 'करुणा' अकेले ही बौद्ध धर्म की मुख्य शिक्षा देते हैं कि अच्छे और खुशहाल जीवन के लिए इतना ही आवश्यक है।

अंततः डॉ. आंबेडकर ने बौद्ध धर्म अपना लिया। उनकी पुस्तक 'बुद्ध और उनका धर्म' में उनकी अपनी समझ और अपने तर्क बौद्ध धर्म के बारे में हैं। इस पुस्तक में उन्होंने बौद्ध धर्मांतरण के कारण भी दिए हैं। यहाँ उन्होंने बौद्ध धर्म के लिए बुद्धिसंगत तर्क दिए हैं। उनको ईश्वर तथा आत्मा में विश्वास नहीं था। यह निष्कर्ष हम उन कारणों से निकाल सकते हैं, जो उन्होंने बौद्ध धर्म अपनाने के लिए दिए। इस पुस्तक में उन्होंने निष्कर्ष दिया है कि बौद्ध धर्म में ईश्वर और आत्मा का कोई स्थान

नहीं है। डॉ. आंबेडकर के अनुसार, बुद्ध पुनर्जन्म में विश्वास नहीं करते थे और न ही 'कर्म' व 'मोक्ष' में, जैसा कि परंपरागत रूप से माना जाता है। बुद्ध ने वर्ण-व्यवस्था को अस्वीकार किया था।

जिन विद्वानों ने बौद्ध धर्म का अध्ययन किया है, उनका भी मानना है कि बुद्ध ईश्वर और आत्मा को नहीं मानते थे और उन्होंने वर्ण-व्यवस्था को अस्वीकार किया था। बुद्ध पुनर्जन्म में विश्वास नहीं करते थे और 'निर्वाण' के पक्षधर थे।

डॉ. आंबेडकर की व्याख्या बौद्ध धर्म के बारे में यहाँ रूढ़िगत दृष्टिकोण से भिन्न हो जाती है। यह कहना संभव नहीं है कि वह अपनी इस व्याख्या या निष्कर्ष तक कैसे पहुँचे?

जब वर्ष 1956 में डॉ. आंबेडकर ने बौद्ध स्वीकार किया तो लाखों लोगों ने भी इस धर्म को उनके साथ अपनाया था। उन्होंने उन देवताओं की पूजा बंद कर दी जिनकी पूजा वे सदियों से करते आ रहे थे। उन्होंने भी बौद्ध धर्म को अपनाया, जैसा डॉ. आंबेडकर ने किया था। कुछ लोग ऐसे भी थे जिन्होंने डॉ. आंबेडकर को धर्मांतरण जैसे विश्वासघात के लिए क्षमा नहीं किया। धर्म-परिवर्तन से पहले के हिंदू अछूतों ने माना कि डॉ. आंबेडकर ने उनको उनका आत्मसम्मान दिलाया, जिस आत्मसम्मान की उन्हें हिंदू धर्म से उम्मीद नहीं थी।

□

16

भारत में दलित राजनीति

(डॉ. आंबेडकर के बाद)

हाल ही में हुई बहुजन समाज पार्टी की उत्पत्ति से पहले स्वतंत्र भारत में अस्पृश्य लोगों के लिए कार्यरत पार्टी थी 'रिपब्लिकन पार्टी ऑफ इंडिया' (आर.पी.आई.)। यही वह अंतिम राजनीतिक साधन था, जिसे डॉ. आंबेडकर ने रूप दिया था। रिपब्लिकन पार्टी ही 'शेड्यूल्ड कास्ट्स फेडरेशन' का परिवर्तित रूप है। यह पार्टी चुनावों के दौरान सफलता प्राप्त नहीं कर पाई थी। इसे उन बौद्धों के लिए अनुपयुक्त संगठन माना गया था जिन्होंने हिंदुत्व का जामा उतार फेंका था। 'स्वतंत्र लेबर पार्टी' का गठन आंबेडकर ने वर्ग के आधार पर किया था, न कि जाति के आधार पर। जब से इस पार्टी का गठन किया गया था, यह अनेक समस्याओं में घिरी हुई थी।

पहला बड़ा वैचारिक मतभेद था उन लोगों के बीच जिनकी जड़ें गाँवों से जुड़ी हुई थीं। जिनमें महारों की बहुलता थी और दूसरा था वह युवा वर्ग, जो अधिक शिक्षित और महत्त्वाकांक्षी था, जो शहरों में रहनेवाला था। इसी वैचारिक मतभेद के कारण आर. पी.आई. का विभाजन दो वर्गों में हो गया।

स्व. श्री काशीराम

सुश्री मायावती

डॉ. आंबेडकर के निधन के बाद महारों के सामाजिक व आर्थिक विकास के लिए कार्य करनेवाला और इतना निष्ठावान् व्यक्ति अब कोई नहीं रहा। वर्ष 1959 तक आर.पी.आई. के दोनों दलों का विभाजन इतना गहरा हो गया था कि दोनों मुख्य दलों ने अपने अलग-अलग सम्मेलन किए। अंत में युवाओं के शिक्षित और उन्नतिशील दल, जो शहरों में था, उसको पार्टी के संचालन का भार मिला।

आर.पी.आई का यह विभाजन वर्ष 1962 के चुनावों तक चला। यह दल महाराष्ट्र से लोकसभा में एक भी सीट पाने में असफल रहा। उसी वर्ष इसने राज्य विधानसभा में बेहतर प्रदर्शन किया। इसके बाद महाराष्ट्र विधानसभा में मुट्ठी भर सीटें ही हासिल कर पाया।

उत्तर प्रदेश में आर.पी.आई. ने अपनी जड़ें मजबूत कीं, क्योंकि यहाँ पर डॉ. आंबेडकर का प्रभाव बहुत गहरा था (आगरा, अलीगढ़ शहरों में खास कर)। पंजाब, हरियाणा, आंध्र प्रदेश और कर्नाटक में इस पार्टी को अप्रत्याशित लोकप्रियता मिली।

यह पार्टी महाराष्ट्र से अधिक उत्तर प्रदेश में सफल रही। उत्तर

प्रदेश में इसकी सफलता का श्रेय बौद्ध राजनीतिज्ञ बी.पी मौर्या को जाता है, जो स्वयं चमार (जाटव) वंश के थे। उन्होंने अछूतों और मुसलमानों को संगठित किया था। मुसलमानों और अस्पृश्यों के बीच संवेदना का यह गठबंधन अधिक समय तक टिका नहीं रहा। वर्ष 1969 में कांग्रेस के बीच हुए विभाजन ने इस चुनावी प्रक्रिया को उत्तर प्रदेश में पूरी तरह बदल दिया। वर्ष 1971 में बी.पी. मौर्या और पार्टी में ही उनके सबसे प्रखर विरोधी रामजी राम दोनों ही लोकसभा में वापस लौटे—श्रीमती इंदिरा गांधी की कांग्रेस पार्टी के प्रतिनिधि बनकर। इस तरह उत्तर प्रदेश में आर.पी.आई. के महत्त्व का अंत हुआ।

वर्ष 1970 में एक संगठन विकास में आया, जो स्वयं को 'दलित पैंथर' कहता था। इसका गठन दलित वर्ग के लिए हुआ और इसका नाम 'दलित पैंथर' नाम अमेरिका के 'ब्लैक पैंथर' से लिया गया था। इस समय भारत में दलितों के एक सशक्त नेता का अकाल-सा था।

महाराष्ट्र में डॉ. आंबेडकर के निधन के बाद एक पार्टी का अंत हुआ तो दूसरी का उदय।

वर्ष 1970 में एक संगठन विकास में आया, जो स्वयं को 'दलित पैंथर' कहता था। इसका गठन दलित वर्ग के लिए हुआ और इसका नाम 'दलित पैंथर' नाम अमेरिका के 'ब्लैक पैंथर' से लिया गया था। इस समय भारत में दलितों के एक सशक्त नेता का अकाल-सा था। दलित पैंथर भी दलितों के संपर्क में पूरी तरह नहीं आ पाया था, क्योंकि अधिकतर महार अब भी अशिक्षित थे और गाँवों के थे। कुछ ही वर्षों में यह पार्टी भी रिपब्लिकन पार्टी की तरह अपने वैचारिक और व्यक्तिगत

मतभेदों की शिकार हुई। यह वैचारिक मतभेद 1974 में विशेषकर तब नजर आया, जब नामदेव घासल और राजा ढाले दो नेताओं के रूप में नजर आए। 'ढाले दल' के लिए वह ऐतिहासिक क्षण था, जब डॉ. आंबेडकर के नेतृत्व में बड़े पैमाने पर सामूहिक बौद्ध धर्मांतरण हुआ। भविष्य में बौद्ध धर्म की चेतना फैलाने से इन्हें मुख्य रूप में लाभ प्राप्त होता। नामदेव घासल दूसरी तरफ अधिक कट्टरवादी वामपंथी थे, मार्क्सवादी थे। अतः डॉ. आंबेडकर और उनके धर्मांतरण आंदोलन को अधिक महत्त्व नहीं दिया गया। उनके लिए अस्पृश्यता का अंत एक वर्ग की आर्थिक दुर्दशा का अंत था, न कि एक जाति, धर्म और आत्मसम्मान का। इस दृष्टिकोण को देखते हुए घासल ने सी.पी.आई. को दलितों का नेता माना, पर कुछ ही वर्षों में इंदिरा गांधी के 'गरीबी हटाओ' कार्यक्रम को देखते हुए आपातकाल के दौरान घासल को विश्वास हो गया कि यह एक ऐसा नेता है, जो सच में गरीबों का हितैषी है। उनके दल ने वर्ष 1977 के चुनावों में कांग्रेस को समर्थन दिया।

'दलित पैंथर' अब तक अपने लिए कोई मुख्य 'रोल' तय नहीं कर पाए थे। वे राजनीति में सक्रिय थे, पर बिना किसी राजनीतिक पार्टी के उनके पास खुद के लिए भी कोई सशक्त कार्यक्रम नहीं था।

'दलित पैंथर' अब तक अपने लिए कोई मुख्य 'रोल' तय नहीं कर पाए थे। वे राजनीति में सक्रिय थे, पर बिना किसी राजनीतिक पार्टी के उनके पास खुद के लिए भी कोई सशक्त कार्यक्रम नहीं था।

वह महारों के संपर्क में भी नहीं आ पाए और न ही अछूत जाति से सीधे संपर्क साध पाए।

पैंथर पार्टी की समाप्ति पर जो खालीपन रह गया था, वह किसी दूसरी पार्टी या दूसरे संगठन द्वारा नहीं भरा गया, बल्कि आश्चर्यजनक रूप से एक साहित्यिक आंदोलन द्वारा भरा गया।

एक संपूर्ण नया साहित्य प्रकाश में आया, जो वर्णभेद का विरोधी था। लेखकों ने अछूतों के जीवन के भीतर पूरी तरह पहली बार झाँका। कुछ लेखक तो बहुत ही प्रतिभाशाली थे। दलित साहित्य और उसके लिखनेवाले लेखक प्रसिद्ध हुए और उनके द्वारा लिखा गया साहित्य सच में ही महत्त्वपूर्ण योगदान माना गया।

दलित साहित्य लेखन सिर्फ महाराष्ट्र में ही सीमित नहीं रहा बल्कि कर्नाटक में भी बड़े पैमाने पर हुआ। इस आंदोलन की उत्पत्ति 1974 में कर्नाटक की कांग्रेस सरकार के एक मंत्री के दिए गए भाषण में देखी जा सकती है। वासलिंगप्पा, जो अछूत जाति के थे, राज्य की भाषा को 'भापा' माना।

दलित साहित्य लेखन सिर्फ महाराष्ट्र में ही सीमित नहीं रहा बल्कि कर्नाटक में भी बड़े पैमाने पर हुआ। इस आंदोलन की उत्पत्ति 1974 में कर्नाटक की कांग्रेस सरकार के एक मंत्री के दिए गए भाषण में देखी जा सकती है। वासलिंगप्पा, जो अछूत जाति के थे, राज्य की भाषा को 'भापा' माना। उनके मस्तिष्क में यह विचार थे कि आम आदमी और उसके जीवन पर लिखे गए साहित्य का कन्नड़ भाषा में अकाल है। आम आदमी में अछूत भी हैं, जिन्हें 'आदि कर्नाटक' कहा जाता है।

उनका यह भाषण भूसे में गिरी एक चिनगारी की तरह था, जो तुरंत आग पकड़ लेती है। उनके इस भाषण का जयघोष और खंडन

दोनों ही हुए। कट्टर कन्नड़ साहित्यकारों के अनुसार, अछूत मंत्री ने इस तरह के विचार अपने भाषण में देकर कन्नड़ साहित्य को बदनाम किया था। आश्चर्यजनक रूप से उभरते दलित लेखकों और काफी दलित साहित्य लिखनेवालों के लिए इस भाषण ने लिखने के नए दरवाजे खोल दिए। 1974 में दलित लेखकों का एक सम्मेलन हुआ, जिसमें हजारों लेखकों ने भाग लिया। धीरे-धीरे यह दलित साहित्य आंदोलन कई दिशाओं में जोर पकड़ने लगा। उदाहरण के लिए, युवा दलित लेखकों के एक समूह ने एक लोकप्रिय साप्ताहिक पत्रिका 'सुगथी' निकालनी आरंभ की, जिसमें लोकप्रिय संस्कृति (फिल्मी लेख) और राजनीतिक व सामाजिक दलित संवादों को महत्त्व दिया गया। इसका पाठक वर्ग अधिकतर आदि कर्नाटक का था। वर्ष 1988 में इस पत्रिका का प्रसार 65,000 प्रतियाँ था।

उनका यह भाषण भूसे में गिरी एक चिनगारी की तरह था, जो तुरंत आग पकड़ लेती है। उनके इस भाषण का जयघोष और खंडन दोनों ही हुए। कट्टर कन्नड़ साहित्यकारों के अनुसार, अछूत मंत्री ने इस तरह के विचार अपने भाषण में देकर कन्नड़ साहित्य को बदनाम किया था।

डॉ. आंबेडकर के दिशा-निर्देश के बिना यह दलित साहित्य आंदोलन किसी ठोस राजनीतिक मंच का गठन नहीं कर पाया। कर्नाटक के दलितों ने दलित पार्टी के गठन के बारे में नहीं सोचा।

वहाँ दलित संघर्ष समिति का गठन हुआ, जो राज्य के विभिन्न दलित संगठनों के लिए कार्य करती थी। दलित कार्यकर्ता आदि कर्नाटक समाज के बच्चों और बड़ों में चेतना जगाने का कार्य करने

लगे। काफी दलित कार्यकर्ताओं ने बौद्ध धर्म को अपनाया और बौद्ध धर्म के साहित्य का ज्ञानार्जन करने लगे।

यह सच है कि कर्नाटक आंदोलन ने डॉ. आंबेडकर के महाराष्ट्र आंदोलन से प्रेरणा प्राप्त की, पर कुछ कार्यकर्ताओं ने नौकरी में तथा संसद् में सीटों के आरक्षण का विरोध किया। उन्हें यह आरक्षण एक 'ट्रैप' की तरह लगा, जो उन्हें प्रगतिवादी विचारधारा से अलग करता था और दलित समाज के हित के लिए बड़े पैमाने पर कार्य करने में रुकावट पैदा कर रहा था और विधानसभा में आरक्षित सीटों पर आए प्रतिनिधियों को तिरस्कार की दृष्टि से देखा जाता था। कर्नाटक में सैद्धांतिक व वैचारिक मतभेद के आधार पर विभाजन नहीं हुआ; पर महाराष्ट्र में डॉ. आंबेडकर आंदोलन को लेकर तनाव आने लगा, जिसने इस आंदोलन को विनाशकारी ढंग से प्रभावित किया।

कर्नाटक का दलित आंदोलन शहरों तक ही सीमित रहा। कर्नाटक के गाँवों के दलित वर्ग को इस आंदोलन में शामिल नहीं किया गया, जहाँ दलितों की मुख्य आवश्यकता साक्षरता, सांस्कृतिक और धार्मिक विकास की थी। कर्नाटक और महाराष्ट्र के गाँवों में इस आंदोलन को गतिशीलता नहीं मिली।

कर्नाटक का दलित आंदोलन शहरों तक ही सीमित रहा। कर्नाटक के गाँवों के दलित वर्ग को इस आंदोलन में शामिल नहीं किया गया, जहाँ दलितों की मुख्य आवश्यकता साक्षरता, सांस्कृतिक और धार्मिक विकास की थी। कर्नाटक और महाराष्ट्र के गाँवों में इस आंदोलन को गतिशीलता नहीं मिली।

बिहार में इसी आंदोलन के कारण क्रांति की लहर आई, जिसने मार्क्सवादी विचारधारा को जन्म दिया। इससे इस निष्कर्ष पर नहीं पहुँचना चाहिए कि मार्क्सवादी विचारधारा ही सही विचारधारा है, जो दलितों के विकास के लिए या यह कि डॉ. आंबेडकर के सिद्धांत ग्रामीण भारत के विकास में कम सहायक हैं। हम देख सकते हैं कि उत्तर प्रदेश में मा. कांशीराम ने ग्रामीण तथा शहरी दलितों के हित व विकास के लिए डॉ. आंबेडकर के विचारों को ध्यान में रखकर ही कार्य किया है।

बिहार में इस आंदोलन को गतिशीलता कुछ प्राथमिक विषयों को लेकर ही मिली है, जैसे–सामाजिक सम्मान, भूमि अधिकरण व वेतन वृद्धि। यही वे विषय हैं जिनका सीधा असर अस्पृश्यों की उन्नति पर पड़ता है। यही वे विषय हैं जो डॉ. आंबेडकर की 'स्वतंत्र लेबर पार्टी' के मूल में थे। और सिद्धांत कुछ हद तक बाद में निर्मित 'रिपब्लिकन पार्टी' और 'दलित पैंथर' के भी थे। परंतु इन सभी दलों ने वास्तविक रूप में इन कार्यक्रमों पर कार्य पूरी क्षमता से नहीं किया। स्वतंत्रता-प्राप्ति के बाद यह संगठन गाँव के महारों से दिनोंदिन कटते गए। इसी तरह महारों के अलावा बाकी सभी समुदायों से भी।

बिहार में इस आंदोलन को गतिशीलता कुछ प्राथमिक विषयों को लेकर ही मिली है, जैसे–सामाजिक सम्मान, भूमि अधिकरण व वेतन वृद्धि। यही वे विषय हैं जिनका सीधा असर अस्पृश्यों की उन्नति पर पड़ता है। यही वे विषय हैं जो डॉ. आंबेडकर की 'स्वतंत्र लेबर पार्टी' के मूल में थे। और सिद्धांत कुछ हद तक बाद में निर्मित 'रिपब्लिकन पार्टी' और 'दलित पैंथर' के भी थे।

कुछ हद तक इन समस्याओं में बौद्ध धर्म का भी हस्तक्षेप रहा। व्यक्तिगत सशक्तीकरण के गुणों से युक्त होने के बावजूद बौद्ध धर्म ने महारों की तात्कालिक समस्याओं या अन्य ग्रामीण अछूतों की समस्याओं के लिए आवाज नहीं उठाई।

परंतु इन सभी सीमाओं के बावजूद बाबा साहब डॉ. आंबेडकर द्वारा चलाया गया आंदोलन पश्चिमी भारत में गतिशीलता लाने तथा चेतना जगाने का सशक्त माध्यम बना। बाबा साहब के विचार तथा जीवन-दर्शन देश के अन्य भागों में भी विकास व उन्नति के रूप में सामने आया।

अभी तक महाराष्ट्र के दलित नेतृत्व में बौद्ध धर्म के आधार पर ही गाँवों में अशिक्षित अछूतों की उन्नति की संभावना योजनाएँ बनी हैं। परंतु खेदजनक बात यह है कि महार बौद्धों तथा अन्य गरीब हिंदुओं के बीच खाई बढ़ती जा रही है।

परंतु इन सभी सीमाओं के बावजूद बाबा साहब डॉ. आंबेडकर द्वारा चलाया गया आंदोलन पश्चिमी भारत में गतिशीलता लाने तथा चेतना जगाने का सशक्त माध्यम बना। बाबा साहब के विचार तथा जीवन-दर्शन देश के अन्य भागों में भी विकास व उन्नति के रूप में सामने आया।

महाराष्ट्र में ही बाबा साहब डॉ. आंबेडकर के संगृहीत लेखों की पुस्तक 'रिडिल्ज इन हिंदुज्म' के पुनः प्रकाशन को लेकर प्रदर्शन तथा विरोध प्रदर्शन किए गए। इसके प्रकाशन या पुनः प्रकाशन को लेकर महाराष्ट्र सरकार एवं दलित विद्वान् एकमत नहीं हो पाए।

बाबा साहब के जीवन काल में भी इनको एक उत्तेजक लेखों

का रूप माना गया था और उनके न रहने के बाद भी स्थिति वही है। इस पुस्तक को अब भी विवादास्पद माना जा रहा है।

आज केवल महाराष्ट्र तथा कर्नाटक में ही बाबा साहब डॉ. आंबेडकर के विंचारों को गंभीरता से लिया जा रहा है, देश के बाकी स्थानों में भी बाबा साहब केवल पोस्टरों तथा बुतों के रूप में ही मिल रहे हैं।

आज बाबा साहब अपने शिष्यों तथा राजनीतिकों के बीच केवल एक प्रतिबिंब के रूप में ही रह गए हैं, जिससे लोग यह बताना चाहते हैं कि वे अपनी जाति तथा समाज के लिए संघर्षरत हैं।

दलितों की छवि सुधारने के बजाय आज इक्कीसवीं शताब्दी में लोग अपनी छवि सुधारने में व्यस्त हैं। आज इन सब में सबसे अधिक धक्का गांधीजी की छवि को पहुँचा है, कभी 'हरिजनों' के हितैषी माने जानेवाले गांधीजी को आज दलित वर्ग स्वयं ही नकार रहा है या उनके विचारों की अवहेलना कर रहा है।

आज डॉ. आंबेडकर के विचार ही हैं, जो हजारों रास्ते दिखा रहे हैं–विकास तथा दलित प्रगति के, वैसे ही जैसे डॉ. आंबेडकर अपने जीवन काल में हजारों लोगों का पथ-प्रदर्शन करते थे।

□

भीमराव आंबेडकर के प्रेरक विचार

व्यक्ति समूह समाज से बनता है—यह एक बहुत ही मजबूत व स्थूल तथा सामान्य वक्तव्य है। समाज कभी भी व्यक्ति से नहीं बनता है, वह वर्ग से बनता है। प्रत्येक समाज के वर्ग अस्तित्व में होते हैं। वर्ग-रचना के मूल में निहित कारण अलग-अलग होते हैं। कभी आर्थिक, कभी बौद्धिक, कभी राजनीतिक कारणों से वर्ग बनते हैं।

~~

व्यक्ति किसी-न-किसी वर्ग की इकाई बनकर ही जीना चाहता है। यह एक वैश्विक सत्य है। हिंदू समाज भी इसके लिए अपवाद नहीं है। इस नियमानुसार वर्ग जाति में रूपांतरित होते गए। वास्तव में जाति व वर्ग आमने-सामने रहनेवाले पड़ोसी की तरह होते हैं। बहुत मामूली भेदों के कारण उनका अस्तित्व भिन्न-भिन्न लगता है। वस्तुतः जाति स्वयं एक मर्यादित वर्ग है।

~~

यह संभव है कि मैं गलती पर होऊँ, परंतु मैंने यही हमेशा मुनासिब समझा है कि दूसरों के पथ-निर्देशन और आदेशों को मानने तथा मौन

बैठे रहने और स्थितियों को बिगाड़ देने की अपेक्षा त्रुटियाँ करना कहीं श्रेयस्कर है।

मुझसे ज्यादा योग्य विद्वानों ने जाति के रहस्यों को खोलने का प्रयास किया है। किंतु यह दुःख की बात है कि यह अभी तक व्याख्यायित नहीं हुआ है और हम लोगों को इसके बारे में अल्प जानकारी है। मैं जाति जैसी संस्थाओं की जटिलता के प्रति सजग हूँ और इतना निराशावादी नहीं हूँ कि यह पहेली अगम, अज्ञेय है; क्योंकि मेरा विश्वास है कि इसे जाना जा सकता है। जाति की समस्या में असैद्धांतिक और व्यावहारिक रूप में एक विकराल समस्या है।

भारतीय समाज रक्त की शुद्धता की बात चाहे जितनी ही क्यों न करे, पर यह शुद्ध रक्तवाला समाज नहीं है। इस भारतीय समाज में आर्यों, द्रविड़ों, मंगोलों, शकों, हूणों, आभीरों, नागों, यक्षों आदि न जाने कितनों का सम्मिश्रण है। अनेक जातियाँ देश-विदेश से घूम-घूमकर यहाँ पहुँचीं, बसीं और इस देश की सांस्कृतिक धारा में मिलकर एक हो गईं। ये जातियाँ अपने पूर्ववर्तियों को धकेलकर इस देश की मंत्र बन गईं। इनके परस्पर सतत संपर्कों और संबंधों के कारण एक समन्वित संस्कृति का सूत्रपात हुआ।

भारतीय समाज के विषय में यह बात कहना असंगत है कि वह विभिन्न जातियों का संकलन है। संकलन से सजातीयता उत्पन्न नहीं होती। यदि रक्तभेद की दृष्टि से देखा जाए तो भारतीय समाज विजातीय है। हाँ, यह संकलन सांस्कृतिक रूप से अत्यंत सघन है। इसी आधार

पर मेरा कहना है कि इस प्रायद्वीप को छोड़कर संसार का कोई देश ऐसा नहीं है, जिसमें इतनी सांस्कृतिक समरसता हो। हम केवल भौतिक दृष्टि से ही संगठित नहीं हैं, बल्कि हमारी सांस्कृतिक एकता भी अविच्छिन्न एवं अटूट है, जो पूरे देश में चारों दिशाओं में व्याप्त है। इसी सांस्कृतिक एकरूपता के कारण जाति प्रथा इतनी विकराल बन गई है कि उसकी व्याख्या करना कठिन कार्य है। कठिन कार्य इसलिए है कि यहाँ सजातीय समाज में भी जाति प्रथा की घुसपैठ है।

भारतीय जाति समस्या को यूरोपीय नृविज्ञान और समाजशास्त्र के सिद्धांतों से हम कभी नहीं समझ सकते हैं। भारत में जाति प्रथा का अर्थ है समाज को कृत्रिम हिस्सों में विभाजित करना, जो रीति-रिवाज और शादी-विवाह की भिन्नताओं से बँधे हों। परिणाम स्पष्ट है कि सजातीय विवाह एकमात्र लक्ष्य है, जो जाति प्रथा की विशेषता है, और यदि हम यह जानने में सफल हो जाएँ कि सजातीय विवाह ही क्यों होते हैं, तो हम व्यावहारिक रूप से साबित कर सकते हैं कि जातियों की उत्पत्ति कैसे हुई और उनका ताना-बाना क्या है।

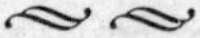

मनु जाति व्यवस्था के जन्मदाता नहीं हैं। मनु के सैकड़ों वर्ष पूर्व जाति प्रथा अस्तित्व में थी। मनु इस व्यवस्था को एक दार्शनिक धरातल पर ले जाकर शास्त्रीय रूप देते हैं। जाति से संबंधित नियमों का मनु ने केवल संकलन किया है।

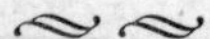

आज तक (1935 तक) के आंदोलन केवल पारिवारिक प्रश्नों को सुलझाने के लिए ही किए गए। संपूर्ण समाज की पुनर्रचना की बात

कहीं की ही नहीं गई। विधवा विवाह, वृद्ध विवाह, बाल विवाह आदि सुधारों का संबंध व्यक्ति और परिवार के साथ है, समाज-रचना के साथ नहीं है। उच्च वर्णियों की रुचि पारिवारिक सुधारों में अधिक रही। इसी में उनके हित सुरक्षित रहे। जाति या वर्गभेद से टकराने की आवश्यकता उन्हें महसूस नहीं हुई। जाति और वर्ग के कारण उपेक्षित समाज की यातना को वे समझ ही नहीं पाए। विधवा विवाह एवं वृद्ध विवाह आदि स्त्री विषयक समस्याएँ उनके अपने वर्ग में ही अधिक कठोर थीं, इस कारण उनके सामाजिक सुधार उनके वर्ग तक ही सीमित रहे। समाज-रचना में परिवर्तन हो, इस प्रकार की दृष्टि अंग्रेजों की सत्ता यहाँ आने के बाद ही पनपी।

~~

भारतीय समाज सीढ़ी-दर-सीढ़ी का ऐसा सिलसिला है, जिसमें हर ऊपर की सीढ़ी का आदमी हर नीचे की सीढ़ी के आदमी को घृणा की दृष्टि से देखता है और नीचे की सीढ़ी का आदमी अपने ऊपर की सीढ़ी के आदमी को आदर की दृष्टि से। ऐसे समाज में समता, बंधुत्व और प्रजातंत्र को पनपने की रत्ती भर भी गुंजाइश नहीं है। प्रजातंत्र में असमानता कैसी, भेदभाव कैसा, राग-द्वेष कैसा?

~~

जाति-व्यवस्था से जो दोष हिंदू समाज में आए, क्या इन दोषों से हम मुक्त हो सकते हैं? जाति-व्यवस्था नष्ट कैसे की जा सकती है? जाति व्यवस्था नष्ट करने के लिए सर्वप्रथम उपजातियाँ नष्ट करनी चाहिए, ऐसी एक धारणा है, जो गलत है। इस प्रयत्न में जातियाँ अधिक मजबूत और शक्तिशाली बनेंगी।

~~

जाति-व्यवस्था तोड़ने के लिए एकमात्र उपाय है अंतर्जातीय विवाह। रक्त संबंधों के कारण ही आत्मीयता की भावना तैयार होती है। इसी कारण अंतर्जातीय विवाह अधिकाधिक होते जाएँ तो जाति के बंधन कमजोर हो जाएँगे। एक-दूसरे के प्रति अधिक आत्मीयता तैयार होती जाएगी।

~~

जाति व्यवस्था मनुष्य निर्मित है। वह नष्ट की जा सकती है। जाति एक काल्पनिक व्यवस्था है, एक मानसिक वृत्ति है। किसी की मानसिकता को बदलना आसान काम नहीं है।

~~

हिंदू जाति का पालन करते हैं। इसका एकमात्र कारण कि हिंदू मूलतः धार्मिक हैं। जाति को धार्मिकता से जोड़ा गया है। मूल धर्म ने ही एक गलत अमानवीय व्यवस्था का समर्थन किया है। शास्त्रों की हँसी उड़ाकर यह व्यवस्था खत्म होनेवाली नहीं है। इसके विरोध में प्रखर बुद्धिवाद और समतावादी समाज-रचना के प्रति प्रतिबद्धता की नितांत आवश्यकता है।

~~

जब-जब आदर्श और काल्पनिक वर्ण-व्यवस्था का प्रचार किया जाता है तब-तब जातियों से चिपककर जीने का एक बहुत बड़ा आधार जनसामान्य को मिल जाता है।

~~

वर्ण-व्यवस्था की जड़ों पर ही आघात करने की आवश्यकता है। जब तक जड़ें तोड़ी नहीं जाएँगी तब तक अस्पृश्यता की मानसिकता

समाप्त नहीं हो सकती। अस्पृश्यता और जातिभेद नष्ट करने के लिए शास्त्रों से आधार ढूँढ़ने का प्रयत्न वास्तव में कीचड़ से कीचड़ साफ करने का हास्यास्पद प्रयत्न है।

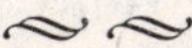

मेरे लिए यह चातुर्वर्ण्य, जिसमें पुराने नाम जारी रखे गए हैं, घिनौनी वस्तु है, जिससे मेरा व्यक्तित्व विद्रोह करता है। लेकिन मैं यह नहीं चाहता कि मैं केवल भावनाओं के आधार पर चातुर्वर्ण्य के प्रति आपत्ति करूँ। इसका विरोध करने के लिए मेरे पास ठोस कारण है। इस आदर्श की अच्छी तरह जाँच-परख के बाद मुझे पूरी तरह विश्वास हो गया है कि चातुर्वर्ण्य सामाजिक संगठन प्रणाली के रूप में अव्यावहारिक, घातक और अत्यंत असफल रहा है। व्यावहारिक दृष्टि से भी चातुर्वर्ण्य से ऐसी अनेक कठिनाइयाँ उत्पन्न होती हैं, जिन पर इसके समर्थकों ने ध्यान नहीं दिया।

यदि कोई व्यक्ति गुण के आधार पर नहीं, जन्म के आधार पर ऊँची हैसियत प्राप्त कर गया हो तो आप क्या करेंगे? उसे कैसे झेलेंगे? इसका उत्तर यही है कि आपको जाति प्रथा का उन्मूलन करना पड़ेगा।

प्लेटो ने भी लोगों को प्रकृति के आधार पर तीन भागों में बाँटा था, पर हुआ क्या? वे असफल रहे। चातुर्वर्ण्य सिद्धांत मानव प्रकृति के प्रतिकूल है। वह चल नहीं सकता। चाहे उसे पालन कराने के लिए दंड-विधान की नीति को ही क्यों न अपनाया जाए।

आदर्श मानव समाज वह है जो समता, स्वतंत्रता और भ्रातृत्व की भावना पर खड़ा हो और जिसकी नींव त्याग, बलिदान, समर्पण, सत्य, अहिंसा और प्यार पर रखी गई हो। यदि किसी समाज में ऐसा नहीं है तो वह समाज कैसे हो सकता है ? समाज तो मानवकृत है और उसने उसे सबकी सुविधा और विकास के लिए बनाया है।

तुम्हारे मुखमंडल की दयनीय दशा देखकर और तुम्हारी निराशामयी आवाज सुनकर मेरा हृदय विदीर्ण हो उठा है। कितने समय से तुम अत्याचारों की चक्की में पिसते आ रहे हो और फिर भी तुममें साहसहीनता व अंधविश्वास त्यागने का विचार पैदा नहीं होता है। तुम लोग जन्म लेते ही क्यों नहीं मर जाते ? तुम अपने दयनीय, घृणित और उपेक्षित जीवन से धरती का बोझ क्यों बढ़ाते हो ? यदि तुम नवजीवन नहीं अपना सकते और अपनी स्थिति नहीं बदल सकते तो इस जीने से मरना कहीं बेहतर है। यकीनन भोजन, वस्त्र और आवास प्राप्त करना तुम्हारा जन्मसिद्ध अधिकार है। यदि तुम ससम्मान जीना चाहते हो तो तुम्हें स्व-सहायता पर विश्वास करना चाहिए, क्योंकि वही सर्वोपरि सहायता है।

हिंदू समाज एकवर्णी समाज बनेगा तो ही उसमें अपनी रक्षा करने की शक्ति का निर्माण होगा। इस आंतरिक शक्ति के अभाव में स्वराज्य स्वतंत्रता की सीढ़ी न बनकर गुलामी की एक सीढ़ी सिद्ध होगा।

शिक्षा प्रत्येक व्यक्ति को मिलनी चाहिए, रक्षा के साधन सभी लोगों के पास होने चाहिए। प्रत्येक व्यक्ति के आत्म-परीक्षण के लिए ये परम आवश्यकताएँ हैं। किसी अशिक्षित और निरस्त्र व्यक्ति को

उस व्यक्ति से क्या सहायता मिल सकती है कि उसका पड़ोसी शिक्षित और सशस्त्र है ?

~~

हमारे चिंतन का मूलाधार 'मनुष्य' होना चाहिए। मनुष्य को उसके मानवीय अधिकार उपलब्ध करा देना हमारी नैतिक जिम्मेदारी है। शास्त्रों ने मानवीय अधिकार ही छीन लिये, इसलिए उनको नकारना जरूरी है।

~~

धर्म मनुष्य के लिए है, मनुष्य धर्म के लिए नहीं।

~~

जब तक अछूत हिंदू समाज में बना रहेगा तब तक उसका जीवन-स्तर नहीं सुधरेगा और वह निरंतर शोषित, अपमानित तथा अकिंचन बना रहेगा। उसका भाग्य कभी नहीं बदलेगा। कोई भी उसे आर्थिक प्रलोभन देकर अपने धर्म में परिवर्तित कर लेगा। इसका परिणाम यह होगा कि हिंदू समाज में कभी भी क्रांति नहीं हो सकेगी। निरंतर रूढ़ियों के अँधेरे में पड़ा-पड़ा सड़ता जाएगा। हिंदू समाज में रहना है तो उसमें क्रांतिकारी परिवर्तन किए बिना जीवन-स्तर नहीं सुधारा जा सकेगा।

~~

अछूतों की आर्थिक स्थिति दिन-प्रतिदिन गिरती जा रही है। उसके पास सामाजिक सौहार्द, सहजीवन की पकड़ और प्रतिष्ठा कुछ भी नहीं है। फिर भी वह हिंदू समाज की इकाई कैसे बना हुआ है ? सामाजिक सम्मान प्राप्त किए बिना कोई वर्ग किसी समाज में सम्मान से नहीं रह सकता। यह सब सामाजिक क्रांति लाए बिना संभव नहीं है।

~~

गांधीजी के 'हरिजन' पारिभाषिक शब्द पर मुझे आपत्ति है, जिसके मुख्य बिंदु इस प्रकार हैं—

(1) क्या अछूत हरिजन हो जाने से अछूत नहीं रहेगा?

(2) क्या वह मैला नहीं उठाएगा या झाड़ू नहीं लगाएगा?

(3) क्या इससे अन्य वर्णवाले उसे गले से लगा सकेंगे?

(4) क्या उसे हिंदू समाज अछूत न समझकर सवर्ण जैसा मान लेगा?

(5) क्या इससे उसे सामाजिक समता का अधिकार मिल सकेगा?

यदि नहीं, तो फिर हरिजन की चक्रव्यूह रचना क्यों? जिस मार्ग से अछूतों का आत्मसम्मान नहीं लौट सके, उस मार्ग से क्या लाभ? हरिजन तो हर एक है।

~~

कोई मनुष्य अपमानित होकर धन्यवाद नहीं दे सकता, कोई नारी अपना शील भंग हो जाने पर धन्यवाद नहीं दे सकती और कोई राष्ट्र अपनी स्वाधीनता खोकर धन्यवाद नहीं कर सकता। फिर अछूत 'हरिजन' के वज्र से अपमानित होकर कैसे गांधीजी का धन्यवाद अदा कर सकता है।

~~

जब तक अस्पृश्य वर्ग हिंदू समाज में समाविष्ट है, तब तक उसकी उन्नति नहीं होगी। सच्ची स्वतंत्रता प्राप्त करने के लिए उनको हिंदू समाज त्याग देना चाहिए। इससे उन्हें कपड़े बनाने, खाने-पीने, नौकरी करने, शिक्षा प्राप्त करने, सुसंस्कृत समाज में रहने आदि की स्वतंत्रता मिल जाएगी।

~~

तुम्हारे पास गँवाने के लिए कुछ भी नहीं है। तुम सिर्फ अपनी बेड़ियों को ही गँवानेवाले हो। धर्मांतरण से तुम्हें अनेक लाभ होनेवाले

हैं। सामाजिक दृष्टि से धर्मांतरण की समस्या का ओर देखा जाए तो यह संघर्ष ऊपरी तौर से भले ही सामाजिक प्रतिष्ठा प्राप्त करने की दिखाई पड़े, तो भी वह प्राय: वर्गीय संघर्ष ही है। हकदार और बेरोजगार में जो निरंतर संघर्ष चल रहा है, वरिष्ठों का जुल्म उसका एक हिस्सा ही है। संघर्ष फलदायक करने के लिए अस्पृश्यों में तीन आवश्यक शक्तियों की कमी है। वे शक्तियाँ हैं—मनुष्य शक्ति, द्रव्य शक्ति और बौद्धिक शक्ति। ये तीनों शक्तियाँ जब तक तुम हिंदू समाज में रहोगे, तब तक तुम प्राप्त नहीं कर सकोगे।

~~

कुछ लोग कहते हैं, धर्मांतरण करने से तुम्हें क्या लाभ होनेवाला है। उसका उत्तर है कि स्वराज से भारत को क्या लाभ होगा? हिंदुस्तान को जितनी स्वराज की आवश्यकता है उतनी ही अस्पृश्यों को धर्मांतरण की। धर्मांतरण और स्वराज का अंतिम प्रयोजन है स्वतंत्रता-प्राप्ति।

~~

समान नागरिक कानून होना चाहिए। हिंदू, मुसलमान और ईसाई धर्म पर आधारित कानूनों में जहाँ मतभेद के मुद्दे हैं, उन्हें विचारपूर्वक हल करना चाहिए। सब में कुछ समानता के मुद्दे भी हैं। केवल मतभेदों के मुद्दों से बात नहीं बन सकती। समान नागरिक कानून हमारा अंतिम उद्देश्य है।

~~

सामाजिक समता की लड़ाई में दलितों को ही महत्त्वपूर्ण भूमिका निभानी है। कमजोर वर्ग को संगठित होकर अपने अधिकार खुद ही प्राप्त करने चाहिए। मैं अस्पृश्य समाज को राजनीतिक अधिकार दिलाने के लिए प्रयत्नशील हूँ। देश की स्वतंत्रता के लिए काम करनेवाले बहुत

से युवक हैं। दलित युवकों का उद्धार उन्हें स्वयं करना है। दलितों के उद्धार से ही सचमुच का स्वराज्य संभव है।

~~

समाज के सबसे शोषित और उपेक्षित व्यक्ति तक शिक्षा की सुविधाएँ पहुँचनी चाहिए। परंपरा से नकारे गए वर्ग को उच्च शिक्षा हेतु अधिक खर्च न करना पड़े, ऐसी व्यवस्था होनी चाहिए। स्नातक और छात्रों के पाठ्यक्रम द्वारा सांस्कृतिक प्रगति करने के लिए महाविद्यालयों और विश्वविद्यालयों को एकत्र होना जरूरी है।

~~

शिक्षा दोधारी शस्त्र के समान है। चरित्रहीन और विनयहीन शिक्षित व्यक्ति पशु से भी अधिक भयंकर होता है। सुशिक्षित मनुष्य का ज्ञान और उसकी शिक्षा जनहित के विरोध में जा रही हो, तो ऐसा व्यक्ति समाज के लिए अभिशाप साबित होता है।

~~

अछूत और सवर्ण में वंशभेद नहीं है। पूर्व में यह अंतर विजित और विजेता का था। वंशभेद की भाँति व्यवसाय-भेद भी उसका आधार नहीं है।

~~

अस्पृश्य सारे देश में गाँव से बाहर क्यों रहते हैं? आदिम काल में टोलियों में सतत लड़ाइयाँ हुआ करती थीं। वे टोलियाँ जब स्थायी समाज में परिवर्तित हो गईं तब अन्य स्थानों से विस्थापित टोलियों के लोग उनके यहाँ आए। तब उन्हें गाँव के भीतर प्रवेश नहीं दिया गया। उन्हें गाँव के बाहर ही रहना पड़ा। न केवल भारत

में अपितु दुनिया के कई देशों में विस्थापितों को गाँव के बाहर ही रुकना पड़ता था।

~~

विभिन्न वंशों संबंधी निर्णय लेने का आधार अगर वांशिक शरीर रचना शास्त्र है तो उसके आधार पर अगर हम हिंदू समाज की विभिन्न जातियों का मूल्यांकन करें (सिर, आँख, नासिका, ठुड्डी, रंग, कद आदि) तो यह सिद्ध हो जाएगा कि अस्पृश्य, आर्य और द्रविड़ वंश एक-दूसरे से कहीं पर भी भिन्न नहीं हैं। शरीर के विभिन्न अंगों के मापन से यह सिद्ध होगा कि ब्राह्मण और अस्पृश्य एक ही वंश के लोग हैं। अगर ब्राह्मण आर्य हैं तो अस्पृश्य भी आर्य हैं।

~~

अछूत बौद्ध थे। शंकराचार्य ने दार्शनिक स्तर पर जाकर जब हिंदू धर्म की पुनर्स्थापना की तब समाज का बहुत बड़ा तबका सत्ता, शक्ति और आतंक के कारण हिंदू धर्म में लौटा; परंतु एक तबका ऐसा था, जो बौद्ध धर्म छोड़ने के लिए तैयार नहीं था। इन्हें ही तिरस्कृत कर अस्पृश्य बना दिया गया। यह षड्यंत्र ढाई हजार वर्ष पूर्व से आरंभ हुआ था।

~~

धर्म ही जीवन है और जीवन ही धर्म है। जैसे जीवन क्या है, इस पर मानव का चिंतन निरंतर चलता आया है और भविष्य में भी अहर्निश चलता रहेगा। ठीक वैसे ही धर्म के संबंध में सोचना कभी बंद नहीं होगा। जहाँ आज धर्म है वहाँ धर्म के झगड़े हैं। ये झगड़े आज से नहीं, सदियों से हैं।

~~

इस धरती पर कोई भी धर्म ऐसा नहीं, जो उत्थान-पतन के दौर से न गुजरा हो। किसी भी धर्म में मानवतावादी दृष्टिकोण का रत्ती भर भी विरोध नहीं है। फिर भी बराबर धर्मयुद्ध होते रहे हैं और धर्म ने अपने सहज स्वभाव को छोड़कर अधर्म का रूप अपना लिया है। धर्म कब अधर्म बनकर भी धर्म बना रहता है, इसके किस्से धर्म के इतिहास में हजारों मिल जाएँगे। कारण भी मालूम पड़ जाएँगे। फिर भी धर्म अपने इस इतिहास को दोहराने से पीछे नहीं हटेगा।

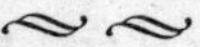

धर्म मानव इतिहास की सबसे शक्तिशाली चालक शक्तियों में से एक है और इसकी गुणवत्ता केवल उसके द्वारा प्रस्तुत सामाजिक आदर्श की रोशनी में ही समझी जा सकती है। प्रत्येक धर्म को न्याय और उपयोगिता द्वारा ही परखा जाना चाहिए। न्याय, मुक्ति, समानता और भाईचारे का ही दूसरा नाम धर्म है।

धर्म और समाज की विषमता की जड़ चातुर्वर्ण्य व्यवस्था है। चातुर्वर्ण्य ही अस्पृश्यता की जननी है। जाति-भेद और अस्पृश्यता विषमता के अन्य रूप हैं। अगर इस जड़ को नष्ट नहीं किया गया तो अस्पृश्य वर्ग इस धर्म को निश्चित ही त्याग देगा।

ऐसे लोगों की कमी नहीं है, जो अस्पृश्यों की दयनीय स्थिति से दुखी होकर, चिल्लाकर अपना जी हलका करते फिरते हैं कि हमें अस्पृश्यों के लिए कुछ करना चाहिए। लेकिन इस समस्या का जो हल करना चाहते हैं, उनमें से शायद ही कोई ऐसा व्यक्ति हो जो यह कहता है कि हमें स्पृश्य हिंदुओं को बदलने के लिए भी कुछ करना चाहिए। यह

धारणा बनी हुई है कि अगर किसी का सुधार करना है तो वह अस्पृश्यों का ही करना है। अगर कुछ किया जाना है तो वह अस्पृश्यों के प्रति किया जाना है और अगर अस्पृश्यों को सुधार दिया जाए, तब अस्पृश्यता की भावना मिट जाएगी।

~~

जाति-व्यवस्था मनुष्य को संवेदनहीन बनाती है। यह बाँझपन की एक प्रक्रिया है। शिक्षा, संपत्ति एवं श्रम प्रत्येक व्यक्ति के लिए, जो स्वतंत्र एवं पूर्ण मनुष्यत्व प्राप्त करना चाहता है, आवश्यक है। समाज के पिछड़ेपन और अकर्मण्यता का दोष मुख्यत: अप्राकृतिक एवं अवैज्ञानिक सामाजिक व्यवस्था को दिया जा सकता है।

~~

क्या कोई यह विश्वास कर सकता है कि पुरुष नाम का कोई ऐसा पशु भी है, जिसके स्पर्श मात्र से पानी गंदा हो जाता है, मनुष्य भ्रष्ट हो जाता है और ईश्वर पूजनीय नहीं रहता। यदि ऐसा पुरुष है तो वह अछूत है, जिसे हिंदू धर्म और हिंदू समाज में पशु से भी बुरा समझा जाता है।

~~

अगर हिंदू समाज एकवर्णी समाज बनेगा तो ही उसमें अपनी रक्षा करने की शक्ति निर्मित होगी। इस आंतरिक शक्ति के अभाव में स्वराज्य हिंदुओं की स्वतंत्रता की सीढ़ी न बनकर गुलामी की एक सीढ़ी सिद्ध होगी।

~~

धर्म-दर्शन को मैं प्राकृतिक धर्म-दर्शन के रूप में देखता हूँ, जिसमें देव और ईश्वर का अस्तित्व है, जो प्रकृति से अभिन्न रूप से आबद्ध है। धर्म-दर्शन के तीन आधार हैं—

(अ) ईश्वर की सत्ता है और वही प्रकृति का निर्माता है, जिसे हम जगत् कहते हैं।

(आ) ईश्वर जगत् का नियामक अर्थात् नियंत्रक है तथा

(इ) ईश्वर अपनी सत्ता मानवता पर नैतिकता के माध्यम से लागू करता है।

~~

धर्म कोई विवरणात्मक या वैज्ञानिक विश्लेषण की विषय-वस्तु नहीं है। धर्म-दर्शन तब तक विश्लेषणात्मक दर्शन होता है जब तक कि वह अपने में तर्क को समाहित नहीं करता है। परंतु तर्क को समाहित करने के बाद वह मानक वैज्ञानिक विषय-वस्तु हो जाता है।

~~

मैं नहीं समझता कि सभी धर्म-दर्शनों का एक ही दर्शन होगा, बल्कि सभी धर्मों में कुछ-न-कुछ अलगाव होता है। किसी भी आंदोलन या संस्था का एक क्रांतिकारी दर्शन होता है, जिसके आधार पर वह संस्था संचालित होती है।

~~

प्राचीन समाज में मानव अपने राजनीतिक ईश्वर को सबकुछ के रूप में मान्यता देता था। आधुनिक समाज मानवीय पहलुओं को मान्यता देता है, जो ईश्वर को समाज के बाहर रख देता है, तथापि वह ईश्वर को स्वीकार करता है।

~~

प्राचीन समाज में प्रत्येक समुदाय के लिए एक ईश्वर था। आधुनिक समाज की भाँति एक संयुक्त विश्वव्यापी ईश्वर नहीं था। वह मानवता को सामूहिकता में रखकर सोचता था। वह मात्र अपने समुदाय के विषय

में सोचता था, जबकि वर्तमान में ऐसा नहीं है।

~~

एक क्रांति का उद्‌भव जीवन में निरपेक्षता की दशा लाता है और जीवन को उस दिशा में ले जाता है, जहाँ धर्म की सत्ता सफल होती है। दूसरे में धार्मिक विचारों की 'वास्तविक सत्ता' की स्थापना होती है, जिसमें दैवी शक्ति द्वारा अच्छी मानवता के सृजन की अवधारणा होती है। यह प्रणाली बदलाव की है।

~~

व्यक्ति के जीवन में धर्म की आवश्यकता के चार कारण हैं—

(1) समाज की स्थिरता और नियंत्रण के लिए नीति की आवश्यकता होती है। इनमें से किसी एक के अभाव में समाज रसातल को जा सकता है। इसलिए किसी भी समाज को धर्म की आवश्यकता पड़ती है।

(2) धर्म को बनाए रखने के लिए उसे बुद्धि-प्रमाण्यवादी होना चाहिए। विज्ञान बुद्धि-प्रमाण्यवादी है।

(3) केवल नीति की संहिता का अर्थ धर्म नहीं है। धर्म की नीति संहिता में स्वतंत्रता, समता और बंधुत्व इन मूलभूत तत्त्वों को मान्यता मिलनी चाहिए।

(4) दरिद्रता को पवित्र मानने का आग्रह किसी भी धर्म को नहीं करना चाहिए अथवा दरिद्रता का उदारीकरण भी नहीं होना चाहिए।

~~

प्रारंभ में चार वर्ण थे। वर्ण का आधार धर्म था और बाद में ये चार वर्ण जातियाँ बन गईं। चार वर्ण एक ही अंश के विभाजन थे। यह कार्य नहीं अपितु श्रम का विभाजन था। इस धर्म द्वारा जातिवाद का उद्‌भव

हुआ है। इसने एक व्यक्ति को उसकी जाति तक सीमित कर दिया है। इससे मानव की विशेषताएँ गौण हो गई हैं। जहाँ जाति है वहाँ कोई पवित्रता नहीं है।

धर्म मानव की अंतरात्मा की मुक्ति का व्यक्तिगत प्रकरण है।

धर्म नीतियों के आधार पर मानव के पारस्परिक सौहार्द और सदाचार को कायम रखता है।

धर्म मन, आत्मा और शुद्धि की पहचान का मार्ग है।

धर्म की नींव सदाचार और शुद्ध आचरण पर रखी जानी चाहिए।

धर्म ग्रंथों से नहीं, व्यवहार से मुखरित हों।

धर्म भेदभाव को नहीं मानता है।

धर्म करुणा, प्रेम और त्याग का दूसरा नाम है। धर्म घृणा को प्रेम से जीतता है और वह बिना शासक हुए लोगों के दिलों पर राज करता है।

धर्म विचलित मन को शांति प्रदान करने का अमृत व्यवहार है। जो धर्म में है, वह प्रेम में है और सबके साथ समान है।

धर्म असहाय, गूँगों और अपाहिजों का सहायक है। वह उनकी अमिट शक्ति है।

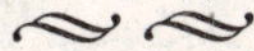

ये धर्म अपरिवर्तनशील होने का दावा करते हैं। प्रचलित सभी धर्मों की नींव श्रद्धा है। ईश्वरीय कृपा प्राप्त करना और उसकी अनुकंपा से बचना, यह धर्म मार्ग है। इसके सिवा बाकी सभी अधर्म और निषिद्ध माना गया है। परमेश्वर और श्रद्धा के सिवाय अन्य तथ्य का धर्म में कोई स्थान नहीं है। मनुष्य की बुद्धि, उसके विचार आदि को किसी भी धर्म ने मान्यता नहीं दी है। इस कारण ईश्वर के अस्तित्व के संबंध में चर्चा ही नहीं की जा सकती है।

सिद्धार्थ नामक व्यक्ति ने जिस धर्म की बात की है, वह प्रचलित कमजोरियों से परे है। एक व्यक्ति द्वारा अनेक व्यक्तियों से कहा गया, यह धर्म है। इस धर्म में गूढ़ता का कोई स्थान नहीं है। ईश्वरीय कृपा, वरदान या शाप, स्वर्ग या नरक—इसकी कोई गुंजाइश इस धर्म में नहीं है। सिद्धार्थ का यह धर्म हाड़-मांस के व्यक्ति, उसके ही जैसे हाड़-मांस के लोगों के लिए, उनकी ही भाषा में उनके ही शब्दों में कहा गया है। इस धर्म में श्रद्धा के लिए कोई स्थान नहीं है। उलटे किसी व्यक्ति या वस्तु पर अंधश्रद्धा न रखने का इसमें आग्रह किया गया है। प्रश्न करो, शंकाएँ उपस्थित करो, विचार करो और अगर विवेक को मान्य हो तो ही स्वीकार करो—ऐसा इस धर्म का आग्रह है। सिद्धार्थ कहीं भी सर्वज्ञाता होने का दावा नहीं करते। वे किसी को संदेश देने की बात नहीं करते। वास्तव में, वे किसी प्रकार का आदेश नहीं देते, कोई निर्णायक बात नहीं करते। यही इस धर्म की शक्ति है।

एक सच्चा धर्म समान अवसरों की घोषणा व प्रतिष्ठापना करता है, बाकी सभी धर्म झूठे व बकवास हैं।

मेरे बाद मेरे अनुयायियो, बौद्ध धर्म तुम्हारे द्वारा संचालित होगा। यदि तुम इसको आत्मसात् नहीं कर सकोगे तो इसका पालन कैसे करोगे ? धर्म मानसिक शुद्धता को तुम्हारे आचरण में स्वीकार करता है।

धर्म नैतिक चरित्र का निर्माण स्वतंत्रता, समानता, बंधुत्व के आधार पर करना चाहता है और मात्र बुद्धवाद ही मानवता के समान अवसरों की बात करता है।

आध्यात्मिक दृष्टि से धर्मांतरण की समस्या की ओर देखा जाए तो कहा जा सकता है कि वैयक्तिक विकास सच्चे धर्म का उद्‌देश्य है। मुझे धर्म की वह परिभाषा स्वीकार है, जिससे सारी प्रजा की धारणा होती है। उसके लिए धर्म को बंधुता, समता और स्वतंत्रता—इन सद्‌गुणों की सीख देनी चाहिए।

अस्पृश्यता के कारण तुम्हारे गुण व्यर्थ साबित हुए। अस्पृश्यता की वजह से तुम्हें सेना में, पुलिस विभाग में या नाविक दल में प्रवेश नहीं मिलता। अस्पृश्यता तुम्हारे लिए अभिशाप है। अस्पृश्यता ने तुम्हें जगत् के सही जीवन से, सम्मान से और प्रतिष्ठा से वंचित किया है।

अस्पृश्यों के लिए कानूनी स्वतंत्रता की अपेक्षा सामाजिक स्वतंत्रता की आवश्यकता है।

~~

धर्म-परिवर्तन की बात करना बच्चों का खेल नहीं है। जिस प्रकार कोई नौका खेनेवाला यात्रियों की संख्या का अनुमान लगाकर नौका खेता है और तदुपरांत अपना शेष साजो-सामान सँभालता है, उसी प्रकार हमें भी करना होगा।

~~

जब 'दीर्घनिकाय' आदि पालि ग्रंथों को आधार बनाकर भगवान् बुद्ध की जीवनी लिखने की चेष्टा करते हैं, तब हमें कठिनाई है और उनमें उपदेशों की सुसंगत व वैज्ञानिक अभिव्यक्ति बहुत कठिन लगने लगती है। वास्तविकता तो यह है कि संसार में जितने भी धर्म-संस्थापक हुए हैं, उनमें भगवान् बुद्ध की चर्चा या विवरण हमारे सामने अनेक ऐसी समस्याएँ लाता है, जिनका समाधान असंभव नहीं तो दूभर अवश्य है।

~~

बुद्ध का धम्म परलोक के संबंध में नहीं है। इसका संबंध मात्र इहलोक से है। यह न स्वर्गवादी है, न नरकवादी है; यह पृथ्वीवादी है। यह धम्म व्यक्तिगत मोक्ष की बात नहीं करता है, सामाजिक मुक्ति का संदेश देता है। यह धम्म निरीश्वरवादी, अनात्मवादी, भौतिकवादी और बुद्धिवादी है। यह धम्म अपरिवर्तनीय नहीं है, परिवर्तनवाद इसका अंग है। यह धर्म विचारशील है।

~~

अन्य धर्मों की तुलना में बुद्ध धम्म आधुनिक, वैज्ञानिक निष्कर्षों पर, कसौटियों पर श्रेष्ठ सिद्ध होता है। आधुनिक युग की चुनौतियों को यह स्वीकार करता है। बुद्धिवाद, सामाजिक सत्ता, बंधुता, स्वतंत्रता, समाजवाद, जनतंत्र आदि आधुनिक मूल्यों के आलोक में इस धम्म को सिद्ध किया जा सकता है।

~~

बुद्ध की विचार-पद्धति और तर्क मीमांसा में शब्द प्रमाण्य, ग्रंथ प्रमाण्य का कहीं भी स्थान नहीं है। प्रत्यक्ष प्रमाण और अनुमान पर ही बुद्ध का तर्कशास्त्र खड़ा है। बुद्ध ने एक स्थान पर कहा कि—'मेरे शब्दों को प्रमाण न मानो। तुम्हारी बुद्धि अथवा अनुभव से जो बात जँचती हो, उसे ही सत्य मानो। इस विश्व में अंतिम और अपरिवर्तनीय कुछ भी नहीं है। परिवर्तन और सतत परिवर्तन, यही सत्य है।'

~~

बुद्ध का धम्म व्यक्तिनिष्ठ न होकर सामाजिक है। बौद्ध दर्शन धर्म अथवा 'रिलीजन' शब्द के अंतर्गत नहीं आता। वह धम्म अथवा फिलॉसफी ऑफ रिलीजन है। बौद्ध धम्म ने नैतिकता को सर्वाधिक महत्त्व दिया। यह नैतिकता ही धम्म है। उसके अभाव में समाज-धारणा संभव ही नहीं है। यह नैतिकता, स्वतंत्रता, समता और बंधुता के संवर्धन के लिए ही होनी चाहिए।

~~

जो धर्म हमारी चिंता करता हो, हमें अवसर प्रदान करना हो, उसके लिए हम प्राण तक देने को तैयार हैं। जो धर्म हमारी परवाह ही नहीं करता, उसकी परवाह हम क्यों करें?

~~

समाज धर्म और मजिस्ट्रेट दोनों का चुनाव कर सकता है—जितने अंश में समाज धर्म का पालन करे उतने अंश में धर्म और जहाँ धर्म का पालन न करे वहाँ मजिस्ट्रेट।

धर्म तो मनुष्य की अपनी मनुष्यता के लिए है। धर्म के विकास के लिए उसे बलि का बकरा नहीं बनाना चाहिए।

सिद्धांत के प्रतिकूल कोई समझौता नहीं किया जा सकता। ऐसा किया भी नहीं जाना चाहिए।

माता-पिता शिशु को केवल जन्म देते हैं, भविष्य नहीं। भविष्य तो उनके बनाने से बनेगा।

भारत में समस्त दरिद्र और दलित लोग गौरव को ईश्वर का दंड मानकर चुपचाप भोग रहे हैं। वे उसे समाज और अर्थव्यवस्था की रुग्णता नहीं मान रहे हैं। वे शोषण, अन्याय, अत्याचार, बलात्कार सहन कर लेंगे; परंतु न्यायालय नहीं जाएँगे।

रुपए व पाउंड के संबंधों का लाभ उठाकर अंग्रेज भारतीयों का शोषण कर रहे हैं। मुद्रा विनिमय से भारत लाभान्वित नहीं हो सकता है। इसे स्वर्ण स्तर की देशीय स्थिरता प्राप्त न होने के कारण लागू नहीं करना चाहिए।

मेरा जन्म सर्वसाधारण जनता की जिम्मेदारी लेने के लिए हुआ है। मैं एक गरीब परिवार में पैदा हुआ और बंबई की इंप्रूवमेंट ट्रस्ट चॉल में

गरीब लोगों की तरह ही बड़ा हुआ। मुझे आपकी शिकायतें मालूम हैं। खोली प्रणाली आपके खून का शोषण कर रही है। खोली की पद्धति खत्म होनी चाहिए। ऐसा होने पर आपको शांति एवं समृद्धि प्राप्त होगी। अपना ध्येय प्राप्त करने तक यह आंदोलन आपको इसी तरह चालू रखना चाहिए।

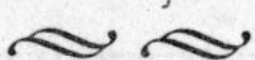

वतन प्रणाली का उन्मूलन किया जाए, अर्थात् प्रत्येक गाँव में हिंदुओं की गुलामी कर रहे महारों को अन्य नागरिकों की भाँति आजाद किया जाए। महारों द्वारा की जानेवाली पुश्तैनी सेवा को सशर्त किया जाए। भूमि को स्थायी भूमि मानकर महारों को मालिकाना हक दिया जाए।

यद्यपि वतनदारों का कार्य, सेवा, समय और मेहनताना अनिश्चित था, तथापि वतनदारों को सरकारी नौकर माना जाए। वतनदारों के पूरे परिवार न केवल सरकार की अपितु ग्रामीण अधिकारियों तथा पाटील और कुलकर्णी की भी, किसी भी समय सेवा के लिए मजबूर थे। चूँकि वतनदारों को अपने से ऊपर की श्रेणी को संतुष्ट करना होता है, जो भूमि हथियाने के लिए आजाद थे, अतः उनके वतन की कोई सुरक्षा नहीं थी।

अव्वल तो श्रमिक संहिता भार नहीं है, दूसरे इनके होने से मालिक एवं श्रमिक दोनों के न्यायोचित संबंधों का विकास संभव है। यही तो वास्तविक अवस्था है, जब श्रम कानून बनकर लागू हो जाना चाहिए।

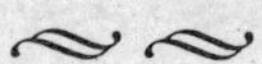

सबको अवसर मिले, यह तो कदापि संभव नहीं है कि सब समान

होने का एक सार्वजनिक फॉर्मूला तैयार कर लें। आवश्यकताओं तथा शक्ति के अनुसार सदैव परिवर्तन आते रहेंगे।

लोकतांत्रिक समाज यंत्रीकरण के प्रतिकूल नहीं हो सकता। आधुनिक सभ्यता का नारा यंत्र है। यंत्रों के कारण बुराइयाँ नहीं पैदा हुई हैं और न आधुनिक सभ्यता की वजह से। वे गलत सामाजिक संरचना का प्रतिफल हैं।

मालिकों द्वारा चलाए गए शोषण से काश्तकारों का बचाव हो। मालिक उन्हें भगा न दें, इसलिए काश्तकारों को सुरक्षा का आश्वासन दिया गया था। श्रमिकों के हित में कानून बनाए जाएँगे। नौकरियाँ देने, पदच्युत करने, कारखानों में बोनस देने, काम के घंटे तय करने, छुट्टी देने, आवास व्यवस्था करने आदि हेतु कानून बनाए जाएँ। बेकारी से मुक्ति के लिए भूमिहीनों को भूमि दी जाएगी।

शक्ति द्वारा औद्योगिक शांति संभव नहीं है। कानून के माध्यम से औद्योगिक शांति का प्रयास किया जा सकता है, परंतु गारंटी नहीं दी जा सकती है। यदि सामाजिक न्याय को औद्योगिक शांति का आधार बनाया जाता है तो उसके परिणाम सर्वथा अनुकूल हो सकते हैं, क्योंकि सामाजिक न्याय स्वामी और श्रमिक दोनों का हित-चिंतन करता है। यह लड़ाई तो इतनी सी है कि स्वामी चाहता है कि वह श्रमिक को कम-से-कम देकर अधिक-से-अधिक लाभ कमाए और श्रमिक की मंशा है कि उसे जीवनयापन के लिए यथोचित धन मिल जाए। मालिक का दृष्टिकोण पूँजीवादी होता है और श्रमिक का सदा समाजवादी। जब पूँजीवाद

श्रमिकवाद या समाजवाद को निगलने का प्रयत्न करता है तो स्वामी और श्रमिक आमने-सामने आ जाते हैं। श्रम के शोषण के परिणामस्वरूप श्रमिक को आर्थिक विषमताओं से ही नहीं, मानसिक परेशानियों से भी जूझना पड़ता है, जिससे अशांति पैदा होती है, जो हड़तालों के रूप में सामने आती है। आखिर पूँजीपति के सोचने का आधार यह क्यों नहीं बनता है कि वह और श्रमिक दोनों सामाजिक प्राणी हैं और उत्पादन दोनों के संयुक्त प्रयत्नों का परिणाम है। श्रम भी तो पूँजी है। वह श्रम पूँजी को नकारना क्यों चाहता है?

किशोरावस्था में मैंने अपने रिश्तेदारों को खाने के डिब्बे पहुँचाने का काम किया था, अतः मजदूर समस्याओं की कुछ जानकारी मुझे है। अब हमने आर्थिक कठिनाइयों को दूर करने की शुरुआत की है। आज तक हम दलित अस्पृश्य के रूप में इकट्ठा होते थे, आज हम मजदूर के रूप में एकत्रित हैं।

हमारे दलित वर्ग को जो अवसर मिलता है वह काफी सीमित है। ऐसे अनेक अवसर होते हैं, जहाँ अस्पृश्यता के कारण अवसर नहीं मिलता है। कपड़ा मिलों के कुछ विभागों में अस्पृश्य नौकर नहीं लिये जाते। रेलवे में वे गैंगमैन के रूप में सड़ते हैं। कुली भी नहीं बन पाते हैं। जब तक तात्त्विक दृष्टि से खुला अन्याय और पक्षपात है तो इनके पराभव के बिना मजदूर एकता कैसे संभव है?

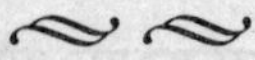

हड़ताल करना एक दीवानी अपराध है, फौजदारी गुनाह नहीं। मनुष्य की इच्छा के विरुद्ध उससे काम कराना गुलामी है।

कांग्रेस ने ब्रिटिश साम्राज्यवाद के लिए पुकारा होता तो मैं उस दल से सहयोग अवश्य करता, लेकिन यथार्थ ऐसा नहीं है। कांग्रेस दल अपने हाथ में आए संविधानात्मक शासन-तंत्र को पूँजीवादी और निरंतर स्वार्थ में लिप्त लोगों के कल्याण के लिए ही कार्यान्वित कर रहा है। उसने किसान और मजदूर के कल्याण की बलि दे दी है।

यदि मुद्रास्फीति तथा अंदरूनी मूल्य-असंतुलन दूर करना है तो टकसाल बंद कर दी जाए। मुद्रा में लचीलेपन के लिए सोने के मूल्य का मानदंड बनाना चाहिए।

भूमि ही आज देश की आय का साधन है तो जो परजीवी की भाँति बहुत सारी भूमि अपने पास रखे हैं और उससे ढेर सारी आय प्राप्त कर रहे हैं, उन्हें अवश्य आय कर देना चाहिए।

किसी भी जाति या समुदाय के अभिजन अपनी जाति एवं समुदाय की उन्नति में महत्त्वपूर्ण भूमिका अदा करते हैं; क्योंकि उनकी शक्तियाँ इतनी व्यापक होती हैं कि वे अपने वर्ग के लोगों की सहायता कर सकते हैं। उनसे यह भी अपेक्षा की जाती है कि वे अपने समुदाय की प्रगति में सहायक बनें। दलितों के अभिजन भी इसके अपवाद नहीं हो सकते हैं। चूँकि अभिजन अपने-अपने क्षेत्रों में मान्यता प्राप्त एवं प्रतिष्ठित सदस्य होते हैं, अतः दलित उनसे यह अपेक्षा करते हैं कि अभिजन उनके विकास में सहायक सिद्ध होंगे।

स्व-सरकार पर्याप्त नहीं है, बल्कि एक अच्छी सरकार चाहिए, जो समाज के सभी वर्गों के विकास के लिए प्रतिबद्ध हो।

मात्र स्व-सरकार पूर्ण नहीं मानी जा सकती, जबकि कांग्रेस की माँग स्व-सरकार की है। स्वतंत्रता तब पूर्ण मानी जाएगी जब समाज का प्रत्येक नागरिक इस स्वतंत्रता का अनुभव करे और सरकारी तथा गैर-सरकारी प्रतिष्ठानों में बराबर भागीदारी निभाए।

स्वराज्य जैसा ब्राह्मणों का जन्मसिद्ध अधिकार है वैसा ही महारों का भी है, यह बात कोई भी स्वीकार करेगा। इसलिए उच्च वर्ग के लोगों का यह प्रथम कर्तव्य है कि वे दलितों को शिक्षा देकर उनका मनोबल और सामाजिक स्तर ऊँचा करने की कोशिश करें। जब तक यह नहीं होगा तब तक भारत की स्वतंत्रता का दिन बहुत दूर रहेगा, इसमें संदेह नहीं।

भारत के स्वतंत्र होने से ही सबकुछ साध्य होगा, ऐसी बात नहीं। भारत एक ऐसा राष्ट्र बनना चाहिए, जिसमें प्रत्येक नागरिक के धार्मिक, सामाजिक, आर्थिक व राजनीतिक अधिकार समान हों और हर एक को व्यक्तित्व के विकास के लिए उचित अवसर प्राप्त हो।

बहुमत का राजनीतिक आदर्शवाद समाज का आदर्शवाद हो जाएगा।

जनतंत्र सार्वजनिक जीवन जीने की पद्धति है। जनतंत्र एक ऐसी प्रणाली है, जिसके द्वारा आर्थिक और सामाजिक क्षेत्र में बिना रक्त की एक बूँद बहाए क्रांतिकारी परिवर्तन लाए जा सकते हैं।

एक ही व्यक्ति अथवा एक ही राजनीतिक दल के हाथों यदि सत्ता सुरक्षित रह जाए तो ऐसी स्थिति में उस राष्ट्र में संसदीय प्रणाली और जनतंत्र क़ी हत्या हो जाती है, अराजकता का राज्य पैदा हो जाता है। मजबूत विरोधी दल सत्ताधारियों पर नियंत्रण रखेगा तथा उसे व्यापक लोक-हित की ओर ले जाने का प्रयास करेगा।

भारतीय राजनीति में अभिजन की महत्त्वपूर्ण पकड़ है और यह लोक-कल्याणकारी नहीं रह गया है। इससे संपूर्ण समाज, किसान, मजदूर का भला नहीं होगा।

दुनिया में दो ही वर्ग हैं—गरीब और अमीर, शोषित और शोषक। एक और मध्य वर्ग है, वह वास्तव में बहुत छोटा है। किसान और मजदूर शोषित हैं और इसी कारण उनका संगठित होना आवश्यक है।

सभी भारतीयों को समता का व्यवहार मिलना चाहिए।

जीवन के सभी क्षेत्रों में ऐसी व्यवस्था हो, जिससे प्रत्येक व्यक्ति अपनी बुद्धि और प्रतिभा के बल पर विकास कर सके।

प्रत्येक भारतीय को समान अवसर मिलें।

प्रत्येक भारतीय अपनी जरूरतों से और भय से मुक्त हो जाए। उसे इन दोनों से मुक्त रखने की जिम्मेदारी राज्य की है।

एक व्यक्ति दूसरे व्यक्ति का, एक वर्ण दूसरे वर्ण का, एक राष्ट्र दूसरे राष्ट्र का शोषण न करे।

मुझे अच्छा नहीं लगता, जब कुछ लोग कहते हैं कि हम पहले भारतीय हैं और बाद में हिंदू और मुसलमान। मुझे यह स्वीकार्य नहीं है। धर्म, संस्कृति, भाषा आदि की प्रतिस्पर्धी निष्ठा के रहते हुए भारतीयता के प्रति निष्ठा नहीं पनप सकती। मैं चाहता हूँ कि लोग पहले ही भारतीय हैं और अंत तक भारतीय रहें, भारतीय के अलावा कुछ नहीं।

और मैं इस सदन में पूरे जोर से कहता हूँ कि जब कभी देश के हित और अस्पृश्यों के हित के बीच टकराव होगा तो मैं अस्पृश्यों के हित को तरजीह दूँगा। यदि कोई आततायी बहुमत देश के नाम पर बोलता है तो मैं उसका समर्थन नहीं करूँगा। मैं किसी पार्टी का समर्थन सिर्फ इसलिए नहीं करूँगा कि वह पार्टी देश के नाम पर बोल रही है। जो यहाँ हैं और जो यहाँ नहीं हैं, सब मेरी इस भूमिका को समझ लें। मेरे अपने हित और देश के हित के साथ टकराव होगा तो मैं देश को तरजीह दूँगा; लेकिन अगर देश के हित और दलित वर्ग के हित में टकराव होगा तो मैं दलित वर्ग के हितों को प्राथमिकता दूँगा।

दलितों की स्थिति में परिवर्तन समतामूलक समाज की स्थापना के लिए जरूरी है। जाति प्रथा न केवल मानव-गरिमा के विरुद्ध है, बल्कि

समतामूलक समाज के स्वप्न के भी विरुद्ध है।

जाति-व्यवस्था मनु से पहले ही अस्तित्व में थी। इसलिए यह कहना भूल है कि जाति श्रेणियों का निर्माण शास्त्रों और स्मृतियों ने किया।

सांस्कृतिक एकता में कोई भी देश भारत का मुकाबला नहीं कर सकता। इसमें न केवल भौगोलिक एकता है, अपितु उससे ज्यादा गहरी और मूलभूत एकता है सांस्कृतिक एकता, जो एक छोर से दूसरे छोर तक सारे देश में व्याप्त है। लेकिन इस संस्कृतिजन्य एकरूपता के कारण ही जाति की गुत्थी को सुलझाना अत्यंत कठिन हो जाता है।

जाति-व्यवस्था को तोड़ने के लिए सामाजिक क्रांति की आवश्यकता है। सामाजिक सुधार पर्याप्त नहीं हैं।

यूरोपीय समाज की वर्तमान व्यवस्था में संपत्ति ही शक्ति का प्रमुख स्रोत है। परंतु यह विचार धोखा है। भारत के संदर्भ में धार्मिक-दार्शनिक विचारधाराओं की बड़ी भूमिका रही है और यह भूमिका भारतीय मार्क्सवादी समझने में असमर्थ रहे हैं।

भ्रष्टाचार संसदीय लोकतांत्रिक व्यवस्था के लिए हानिकारक है। भ्रष्टाचार बढ़ेगा तो लोकतंत्र नष्ट हो जाएगा।

मेरा राजनीतिक लक्ष्य है—

(1) पद-दलितों को राजनीतिक अधिकार दिला पाना।

(2) राजनीतिक, सामाजिक तथा आर्थिक संतुलन बनाते हुए

इन क्षेत्रों में लोकानुभूति को लोकतंत्र का आधार देना।

(3) जाति व धर्म के भेद के बिना मजदूर मोर्चे का संगठन करना।

(4) राजनीतिक शक्ति से जन-शक्ति का आभास देना।

(5) शिक्षित, संगठित और संघर्षशीलता का लक्ष्य प्राप्त करना।

जनतांत्रिक व्यवस्था एक परिवर्तनशील व्यवस्था है।

किसी भी देश की समाज-रचना में निम्नलिखित बातें हों, तभी जनतंत्र की सफलता संभव होती है—

(1) उस समाज-व्यवस्था में विषमता अधिक मात्रा में न हो।

(2) वहाँ विरोधी दल का अस्तित्व हो।

(3) कानून और प्रशासन में समानता हो। वे एक-दूसरे के लिए पूरक हों, विरोधी नहीं।

(4) संवैधानिक नैतिकता के पालन की वृत्ति जनता तथा शासन में हो। असंवैधानिक आचरण न हो।

(5) बहुसंख्यकों की दादागीरी न चलती हो।

(6) उस समाज में नैतिक मूल्यों को सर्वोपरि महत्त्व दिया जाता हो। नैतिक मूल्य आचरण से निर्धारित हुए हों।

(7) जाग्रत् जनमत हो, देश के प्रशासन के प्रति संवेदनशील हो। देश में घटी घटनाओं, पारित कानूनों के प्रति उनमें अत्यधिक जागरूकता हो।

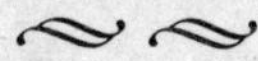

वर्गीय समाज-रचना जनतंत्र के लिए हमेशा खतरनाक साबित हुई है; क्योंकि वर्गीय समाज में एक ओर जुल्म, झूठ, अहंकार, लोभ और स्वार्थ फैला हुआ होता है तो दूसरी ओर स्वतंत्रता, अस्मिता, स्वाभिमान और प्रतिष्ठा का पूर्ण अभाव होता है। असुरक्षा, दरिद्रता तथा भय भी ऐसे समाज में होता है।

कानून व्यक्ति द्वारा व्यक्ति के लिए बनाए जाते हैं। कानून में सतत संशोधन की आवश्यकता होती है, परंतु यह संशोधन भी सबकी सहमति से होना चाहिए। सभी के लिए सभी स्थानों पर एक कानून हो। सभी में सभी का हित सुरक्षित होता है। कानून सामाजिक हो, मानवीय हो अर्थात् उसका परिणाम सार्वत्रिक हो। शिक्षा द्वारा कानून का महत्त्व सिद्ध हो, उसका प्रचार-प्रसार हो, परंतु कानून की ओर जनता भय की दृष्टि से न देखे। कानून पाँच मानवीय मूल्यों पर आधारित होना चाहिए—

(1) कानून लोगों के हित के लिए होता है।

(2) कानून स्वच्छंद अथवा भय के स्रोत से मुक्त होता है।

(3) कानून धर्मनिरपेक्ष होता है।

(4) वह ईश्वर-प्रेरणा के बजाय मानव-प्रेरणा से बनता है।

(5) आवश्यकतानुसार वह परिवर्तनीय है।

राजनीति में समता और आर्थिक क्षेत्र में विषमता—इस दृश्य को बदलना जरूरी है। दोनों के मध्य की खाई को जल्दी-से-जल्दी समाप्त करना होगा। निकट भविष्य में यदि ऐसा नहीं हो सकता तो विषमता में जो छटपटा रहे हैं, ऐसे वर्ग जनतंत्र के मुखौटे का पर्दाफाश कर देंगे।

यद्यपि सरकार ने यह महसूस किया कि जमींदार लोग असहाय, गरीब एवं दलितों का खून चूस रहे हैं, फिर भी सरकार ने उन बुराइयों का अंत नहीं किया, जिनसे दलितों का जीवन सदियों से मुरझाया पड़ा है। सरकार के पास इन बुराइयों को समाप्त करने की कानूनी शक्ति है, पर उसने सामाजिक जीवन की वर्तमान संहिता को नहीं बदला।

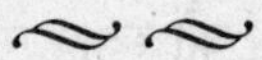

ब्रिटिश सरकार से पूर्व हम अस्पृश्य थे। क्या ब्रिटिश सरकार ने

उसकी समाप्ति के लिए कुछ किया है ? ब्रिटिश सरकार से पूर्व हम कुओं से पानी नहीं भर सकते थे। क्या ब्रिटिश सरकार ने हमें यह अधिकार दिलाया है ? ब्रिटिश सरकार से पूर्व हमें मंदिर, पुलिस एवं सेना में प्रवेश का अधिकार नहीं था। क्या इस सरकार ने हमें वह अधिकार दिलाया है ? भले ही ब्रिटिश शासन के भारत में 150 वर्ष बीत चुके हैं, परंतु अस्पृश्यों की दशा ज्यों-की-त्यों है।

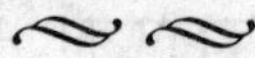

भारत में बौद्ध इतिहास का अध्ययन करनेवाले जानते हैं कि जिन लोगों ने बौद्ध धर्म का प्रचार आरंभ किया, वे नाग लोग थे। नाग लोग अनार्य थे। आर्यों और नागों के मध्य घोर शत्रुता थी। आर्य-अनार्यों के मध्य अनेक युद्ध लड़े गए। आर्य लोग अनार्यों को समूल नष्ट कर देना चाहते थे। इससे संबंधित पुराणों में अनेक कथाएँ मिलेंगी। आर्यों ने नागों को भस्म कर दिया। अगस्त्य मुनि ने एक नाग को बचा लिया था और हम उसी नाग के वंशज माने जाते हैं।

हमारा लक्ष्य मात्र जल की प्राप्ति और मंदिर में प्रवेश नहीं है, बल्कि इससे आगे समतावाद तक है। हमारा लक्ष्य वर्ण-व्यवस्था को ध्वस्त करना है, जिसके कारण समाज में असमतावाद का जन्म हुआ है।

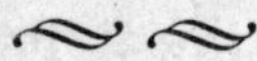

हिंदू धर्म का आधार वर्ण-व्यवस्था है, जो हमें अछूत बनाती है। मैं हिंदू व्यवस्था की वर्ण प्रथा और अस्पृश्यता को स्वीकार नहीं करता हूँ। मैं 'भगवद्गीता' के अलावा किसी अन्य सत्ता को स्वीकार नहीं करता। यद्यपि मैं वेदों की सत्ता को स्वीकार नहीं करता, फिर भी मैं एक सनातन हिंदू हूँ।

~ ~

किसी भी कार्य की सफलता या विफलता जितनी साधन पर निर्भर करती है उतनी ही उसके नैतिक स्वरूप पर। यदि कार्य के मूल में सत्य निहित है तो परिणाम की चिंता की कोई आवश्यकता नहीं, क्योंकि सत्याग्रहियों में आत्मबल की आवश्यकता होती है। जिस कार्य में लोक-संग्रह होता है, वही सत्कार्य है। यही हमारी विचारधारा है। इसे हमने 'गीता' से लिया है। सत्याग्रह ही 'गीता' का मुख्य प्रतिपाद्य है। 'गीता' स्पृश्य-अस्पृश्य दोनों को स्वीकार्य है। हमारे आंदोलन का आधार लोक-संग्रह है।

~ ~

किसी एक व्यक्ति का सत्याग्रह है या असत्याग्रह, यह उस आग्रह की सफलता के लिए उपायोजित साधनों पर निर्भर नहीं करता, बल्कि पूर्णतया उसके नैतिक स्वरूप पर निर्भर करता है। हिंसा-अहिंसा केवल उस आग्रह की सफलता के साधन हैं। यद्यपि कर्म या कर्ता के अनुरोध पर क्रिया का रूप परिवर्तित होता है, परंतु कुछ साधनों के अनुरोध से आग्रह का नैतिक स्वरूप परिवर्तित नहीं होता; क्योंकि किसी एक दुराग्रही ने अपना आग्रह सिद्ध करने के लिए अहिंसा का मार्ग स्वीकार किया तो उसके दुराग्रह को सत्याग्रह नहीं कहा जा सकता या किसी एक सत्याग्रही ने सत्याग्रह की सिद्धि के लिए हिंसा की तो उसके सत्याग्रह को दुराग्रह नहीं कहा जा सकता। यदि ऐसा कहा जाता तो 'गीता' में श्रीकृष्ण ने अर्जुन को सत्याग्रह सिद्धि के लिए जो हिंसा का मार्ग स्वीकारने के लिए विवश किया, उसे क्या कहा जाए।

~ ~

सच कहा जाए तो अस्पृश्यता इतनी भयंकर बात है कि उसके निवारण के लिए कुछ लोगों के प्राण न्योछावर हों तो भी कोई हर्ज

नहीं। जीना ही जगत् का पुरुषार्थ नहीं। जीने के अनेक तरीके हैं। गंदगी खाकर कौए भी बहुत साल जीते हैं, लेकिन यह कोई भी नहीं कहेगा कि उनके जीवन में पुरुषार्थ है। मृत्यु के बारे में रोना या घबराना किस लिए? नश्वर देह न्योछावर कर इससे भी शाश्वत कोई चीज प्राप्त करने के लिए, उदाहरणार्थ देश के लिए, सत्य के लिए, ध्येय के लिए, यश के लिए—अनेक महापुरुषों ने अनेक घटनाओं में कर्तव्य रूपी अग्नि में अपने प्राणों की आहुति दी है। महाभारत में वीर माता विदुला ने अपने बेटे को यह उपदेश दिया था कि सड़ते रहने या 100 व्यर्थ की जिंदगियाँ जीने की अपेक्षा कुछ क्षण वीरता की ज्योति दिखाकर बुझ जाएगा तो भी अच्छा है। इस तरह का उपदेश हर माता अपने पुत्र को दे, इस तरह का समय नजदीक आ गया है।

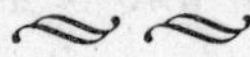

मैं यह मानता हूँ कि प्रत्येक माता को प्रसूति पूर्व और प्रसूति पश्चात् की अवधि में विशिष्ट समय तक विश्राम मिलना राष्ट्र-हित की दृष्टि से लाभदायक है।

भाषावार प्रांत रचना का तत्त्व इतना विशाल है कि उसे प्रत्यक्ष कार्यान्वित करना मुश्किल है। इस तत्त्व का छोर तक युक्तिवाद स्वीकारने से इतने नए प्रांत बनाने होंगे कि उनकी संख्या ही उस बात की अव्यावहारिकता सिद्ध करेगी।

एक भाषा, एक जीवन-पद्धति और एक धर्म राष्ट्रीयता के आधार हैं।

भाषिक प्रांत रचना करनी है तो एक भाषा और अनेक राज्य—इस

सूत्र को स्वीकार किया जाए, एक राज्य एक भाषा का नहीं। एक राज्य एक भाषा के कारण उत्तर भारत के एकत्रीकरण की और दक्षिण भारत के विभक्तीकरण की प्रक्रिया आरंभ हो जाएगी।

~~

मुझे हिंदी के प्रति अधिक प्रेम है, परंतु हिंदी भाषी लोग ही हिंदी के सबसे बड़े शत्रु हैं और यही मेरे लिए चिंता की बात है।

~~

ग्रीस, यूगोस्लाविया, रूमानिया, बुल्गारिया आदि में भी मुसलमान अल्पसंख्यक हैं; परंतु वहाँ तो पृथक् निर्वाचन क्षेत्र नहीं हैं। यूरोप में विभिन्न धर्म व पंथ के लोग संयुक्त मतदाता संघ का विरोध न करते हुए एक ही शासन के नीचे पड़ोसी के रूप में सुख-शांति से रहते हैं।

~~

कुछ वर्गों को अलग प्रतिनिधित्व प्राप्त हो, इस मत का समर्थक होने पर भी मेरा मानना है कि इस प्रतिनिधित्व के लिए स्वतंत्र निर्वाचक मंडल हो, इस मत के मैं पूरी तरह खिलाफ हूँ। प्रादेशिक मतदाता संघ और अलग मतदाता संघ दो विपरीत ध्रुव हैं। जनतंत्र के अभाववाले अपने इस देश में जनतंत्र प्रधान राज्य-पद्धति का बीज बोने के लिए जिन मतदान योजनाओं का अवलंबन किया जाएगा, इन सारी योजनाओं से इन दो बातों को पूरी तरह टालना चाहिए। इन दोनों का समाधान है—आरक्षित सीटोंवाली संयुक्त निर्वाचक मंडल पद्धति।

~~

भारतीय समाज सीढ़ी-दर-सीढ़ी का ऐसा सिलसिला है, जिसमें हर ऊपर की सीढ़ी का आदमी हर नीचे की सीढ़ी के आदमी को घृणा की दृष्टि से देखता है और नीचे की सीढ़ी का आदमी अपने ऊपर की

सीढ़ी के आदमी को आदर की दृष्टि से। ऐसे समाज में समता, बंधुत्व और प्रजातंत्र को पनपने की रत्ती भर भी गुंजाइश नहीं है। प्रजातंत्र में असमानता कैसी, भेदभाव कैसा, राग-द्वेष कैसा ?

जाति व्यवस्था मनुष्य निर्मित है। वह नष्ट की जा सकती है। जाति एक काल्पनिक व्यवस्था है, एक मानसिक वृत्ति है। किसी की मानसिकता को बदलना आसान काम नहीं है।

बुद्ध की विचार-पद्धति और तर्क मीमांसा में शब्द प्रमाण्य, ग्रंथ प्रमाण्य का कहीं भी स्थान नहीं है। प्रत्यक्ष प्रमाण और अनुमान पर ही बुद्ध का तर्कशास्त्र खड़ा है। बुद्ध ने एक स्थान पर कहा कि—'मेरे शब्दों को प्रमाण न मानो। तुम्हारी बुद्धि अथवा अनुभव से जो बात जँचती हो, उसे ही सत्य मानो। इस विश्व में अंतिम और अपरिवर्तनीय कुछ भी नहीं है। परिवर्तन और सतत परिवर्तन, यही सत्य है।'

बुद्ध का धम्म व्यक्तिनिष्ठ न होकर सामाजिक है। बौद्ध दर्शन धर्म अथवा 'रिलीजन' शब्द के अंतर्गत नहीं आता। वह धम्म अथवा फिलॉसफी ऑफ रिलीजन है। बौद्ध धम्म ने नैतिकता को सर्वाधिक महत्त्व दिया। यह नैतिकता ही धम्म है। उसके अभाव में समाज-धारणा संभव ही नहीं है। यह नैतिकता, स्वतंत्रता, समता और बंधुता के संवर्धन के लिए ही होनी चाहिए।

धर्म तो मनुष्य की अपनी मनुष्यता के लिए है। धर्म के विकास के लिए उसे बलि का बकरा नहीं बनाना चाहिए।

अव्वल तो श्रमिक संहिता भार नहीं है, दूसरे इनके होने से मालिक एवं श्रमिक दोनों के न्यायोचित संबंधों का विकास संभव है। यही तो वास्तविक अवस्था है, जब श्रम कानून बनकर लागू हो जाना चाहिए।

सबको अवसर मिले, यह तो कदापि संभव नहीं है कि सब समान होने का एक सार्वजनिक फॉर्मूला तैयार कर लें। आवश्यकताओं तथा शक्ति के अनुसार सदैव परिवर्तन आते रहेंगे।

हड़ताल करना एक दीवानी अपराध है, फौजदारी गुनाह नहीं। मनुष्य की इच्छा के विरुद्ध उससे काम कराना गुलामी है।

यदि मुद्रास्फीति तथा अंदरूनी मूल्य-असंतुलन दूर करना है तो टकसाल बंद कर दी जाए। मुद्रा में लचीलेपन के लिए सोने के मूल्य का मानदंड बनाना चाहिए।

भूमि ही आज देश की आय का साधन है तो जो परजीवी की भाँति बहुत सारी भूमि अपने पास रखे हैं और उससे ढेर सारी आय प्राप्त कर रहे हैं, उन्हें अवश्य आय कर देना चाहिए।

राजनीतिक और धार्मिक होने से ज्यादा मनुष्य एक सामाजिक पशु है। उसे धर्म की आवश्यकता नहीं भी रह सकती, ऐसे ही उसे राजनीति की जरूरत नहीं भी पड़ सकती। लेकिन उसे समाज की आवश्यकता होती ही है। वह बिना समाज के नहीं रह सकता।

जाति-प्रथा वर्ण व्यवस्था के ठीक उलटी दिशा में चलती है। जाति-प्रथा ने वर्ण व्यवस्था को पूरी तरह उलट-पलट दिया है। वर्ण व्यवस्था जाति-प्रथा के मुकाबले में वर्ग व्यवस्था ज्यादा है। वर्ण व्यवस्था के ब्राह्मण, क्षत्रिय, वैश्य और शूद्र को पुनः दो भागों में बाँटा गया है। इनमें ब्राह्मण, क्षत्रिय और वैश्य को द्विज समाज और शूद्र को अद्विज समाज में रखा जाता है।

मनुष्य समुदायों में इसलिए रहते हैं, क्योंकि उनकी कुछ बातें आपस में एक समान होती हैं। जो उनमें एक समान बातें होती हैं वे उनके उद्‌देश्य, विश्वास, आकांक्षाओं, जानकारियों और समान समझदारी की है। समाज-शास्त्रियों की भाषा में वे समान मस्तिष्क के लोग होने चाहिए।

चाहे हम इस बात को मानें या न मानें, परंतु इस देश की राजनीति-व्यवस्था चातुर्वर्ण्य का प्रतिबिंब है। शूद्र इस देश के शासन में कोई हिस्सेदारी नहीं रख रहे हैं। वर्ण व्यवस्था में अस्पृश्य लोग सामाजिक रूप से शूद्र या अति शूद्र थे, लेकिन वर्तमान में उन्हें राजनीतिक रूप से भी शूद्र बनाया जा रहा है। वर्ण व्यवस्था के शूद्रों पर शासक वर्ग के सामाजिक, आर्थिक और धार्मिक प्रभुत्व में राजनीतिक प्रभुत्व भी जोड़ा जा रहा है।

मैं यह कहना चाहूँगा कि मेरे मत में भारत देश बिना संप्रदायवाद के अपना राजनीतिक विकास नहीं कर सकेगा। भारत के लिए बिना संप्रदायवाद में कोई स्वशासन नहीं हो सकता।

अपनी जाति से बाहर के लोगों में खूबियाँ देखना और मानना सबकी क्षमता में नहीं है। गुणों की प्रशंसा की जा सकती है, परंतु वह व्यक्ति अपना जाति-भाई होना चाहिए। सारी नैतिकता एक आदिम नैतिकता के समान है कि मेरा जाति-भाई हो, चाहे वह सही हो या गलत; मेरा जाति भाई हो, चाहे वह अच्छा हो या बुरा। हिंदू समाज में जाति-प्रथा के कारण इसका राजनीतिक ढाँचा भी इसके सामाजिक ढाँचे के अनुरूप अलग होना चाहिए।

अस्पृश्यता आंतरिक तिरुस्कार की बाहरी अभिव्यक्ति है।

जब तक दलित वर्ग अज्ञान के गड्ढे में गिरा था, उसमें आत्मसम्मान की भावना नहीं जागी थी, तब तक उनके लिए यह संभव था कि हिंदू कानूनों ने उनके लिए समाज में जो दर्जा तय कर दिया—वे उसे स्वीकार कर लें; लेकिन ज्यों-ज्यों वे शिक्षित होंगे त्यों-त्यों उन कानूनों को सहन नहीं करेंगे और उनके हिंदू समाज से दूर चले जाने का खतरा उत्तरोत्तर बढ़ता चला जाएगा।

आर्यों के सामाजिक जीवन की सूचनाएँ एकत्रित करने के लिए वेद उपयोगी स्रोत हो सकते हैं। आर्यों और अनार्यों के बीच जातिगत नहीं, बल्कि सांस्कृतिक अंतर था। आर्य चतुर्वर्ण में विश्वास रखते थे। अनार्य इस बात का विरोध करते थे। अपने धर्म के लक्ष्य के रूप में आर्य यज्ञ करना अनिवार्य समझते थे। अनार्य यज्ञ का विरोध जताते थे।

भारत जमातों का देश है। यहाँ पारसी, मुसलमान और हिंदू रहते हैं। इन जमातों का आधार भिन्न-भिन्न नस्लें नहीं हैं। यह स्पष्ट है कि ये धार्मिक विभाजन है। किंतु ऐसा मान बैठना भी किसी बात की गहराई में जाना नहीं है। जो बात महत्त्व की है वह यह है कि जो पारसी है, वह पारसी क्यों है ? जो ईसाई है, वह ईसाई क्यों है ? जो मुसलमान है, वह मुसलमान क्यों है ? जो हिंदू है, वह हिंदू क्यों है ? जहाँ तक पारसी, ईसाई, मुसलमान का सवाल है, उनके लिए प्रश्न का उत्तर देना कठिन नहीं। किसी पारसी से पूछिए कि वह पारसी क्यों है ? उसे इस प्रश्न का उत्तर देने में कुछ कठिनाई न होगी। वह ईसाई है, क्योंकि वह ईसा मसीह में विश्वास करता है। एक मुसलमान से भी यही प्रश्न पूछिए, उसे भी इस प्रश्न का उत्तर देने में तनिक भी हिचकिचाहट नहीं होगी। वह कहेगा कि वह इसलाम में विश्वास करता है, इसलिए वह मुसलिम है। अब यही प्रश्न एक हिंदू से पूछकर देखिए। यदि वह कहता है कि वह हिंदू इसलिए है कि वह उसी देवता की पूजा करता है, जिसकी बाकी सारे हिंदू करते हैं, तो इसका उत्तर सच्चा और सही नहीं हो सकता।

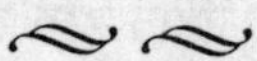

हिंदुओं में जो अनेक देववादी हैं, वे केवल हिंदू देवी-देवताओं की पूजा नहीं करते। वे किसी के भी देवी-देवताओं की पूजा करते हैं। किसी भी हिंदू को एक मुसलिम पीर तक को पूजने में हिचकिचाहट नहीं होती और किसी ईसाई देवी को भी। हजारों हिंदू अनेक मुसलिम पीरों के पास जाते हैं और चढ़ावे चढ़ाते हैं। यथार्थ में कुछ ऐसे स्थान हैं, जहाँ मुसलिम पीरों के परंपरागत पूजक ब्राह्मण हैं और मुसलिम पीरों का वेश पहनते हैं। बंबई के पास ही मंत मौली नाम की ईसाई देवी पर हजारों हिंदू चढ़ावा चढ़ाने जाते हैं। ईसाई या मुसलिम देवी-देवताओं की पूजा समय विशेष पर ही होती है। कुछ हिंदू लोग दूसरे धर्मों के साथ

इसकी भी अपेक्षा निकट-वफादारी का संबंध निभाते हैं।

जब कल्प का आरंभ होता है, तभी सृष्टि का आरंभ होता है। जिस समय सृष्टि का आरंभ होता है, तभी वेदों का एक नया संस्करण अस्तित्व में आता है। कुल्लुक यह कहना चाहता है कि यद्यपि एक दृष्टि से प्रत्येक नए कल्प का अपना एक नया वेद होता है, लेकिन वह वही पुराना वेद होता है, जो पहले था और उसे ब्रह्मा अपनी स्मरण-शक्ति के बल पर नए सिरे से उपस्थित करते हैं। इसी अर्थ में उसका कहना है कि वेद सनातन हैं, अर्थात् सदा से पूर्व-स्थित।

सामवेद और यजुर्वेद में वेदों के मूल के बारे में एक शब्द भी नहीं। अथर्ववेद ही एक ऐसा दूसरा वेद है, जिसे वेदों के मूल के बारे में कुछ कहना है। वेदों के मूल के संबंध में इसमें कई मान्यताएँ हैं। एक मान्यता है—काल ने ऋग्वेद के मंत्रों को जन्म दिया। यजुर्वेद के मंत्रों को जन्म दिया। यजुर्वेद काल से उत्पन्न हुआ।

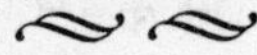

वाक् अविनाशी है। उसका जन्म सबसे पूर्व हुआ है। वह वेदों की जननी है। वह अमृतत्व का केंद्र-बिंदु है। हम पर प्रसन्न होकर वह यज्ञ में पधारी। हमारी संरक्षक देवी हमारे आह्वान को सुनने के लिए प्रस्तुत रहे। उस वाक् को ही वे ज्ञानी ऋषि, जिन्होंने वेद मंत्रों की रचना की है और देवतागणं तपस्या व भक्ति द्वारा तलाश करते रहे हैं। इन सबके ऊपर तैतिरीय-ब्राह्मण की एक अपनी तीसरी मौलिक व्याख्या है। इसके अनुसार वेद प्रजापति की दाढ़ी से उत्पन्न हुए।

कुछ वेदों के मूल के बारे में पुराणों में भी वर्णन आया है। विष्णु पुराण की स्थापना है, ''ब्रह्मा ने अपने पूर्वाभिमुख मुँह से गायत्री, ऋग्वेद के मंत्र, त्रिवृत्त, सोमरथंतर, यज्ञप्रथा अग्निस्रोतम् की रचना की। दक्षिणाभिमुख से उन्होंने यजुर्वेद के मंत्रों, त्रिष्टुम छंदस् तथा अतिरत्र की रचना की। उत्तराभिमुख मुँह से उन्होंने एकविंश विज छंदों की रचना की।''

महात्मा गांधी पहले मुसलमानों की चौदह माँगें मानने के लिए तैयार नहीं थे, मगर जैसे ही उन्हें पता चला कि मुसलमान अस्पृश्यों का समर्थन करने के लिए तैयार हैं, वे फौरन उनकी चौदह माँगों को मानने के लिए तैयार हो गए। इसके लिए उन्होंने मुसलमानों के सामने अस्पृश्यों को दिया जानेवाला समर्थन वापस लेने की शर्त रख दी।

जब सवर्ण हिंदुओं को अपना रवैया बदलने के लिए मजबूर किया जाएगा, तभी वंचित वर्ग को सही अर्थों में न्याय मिल पाएगा। इसके लिए आपको परंपरागत आचार-संहिता के विरुद्ध सीधी काररवाई करनी होगी। ऐसा करने पर वह सोचने के लिए मजबूर हो जाएगा और फिर बदलाव के लिए तैयार भी हो सकेगा।

'हिंदुस्तान में रहनेवाला प्रत्येक व्यक्ति हिंदू है।' इस परिभाषा के तहत दावा किया जा सकता है कि अछूत भी हिंदू हैं।

भारत में जाति-प्रथा विशिष्ट और अलग-अलग है। उद्देश्यों और लक्ष्यों के बीच किसी तरह का तालमेल या संशोधन दिखाई नहीं देता।

जातियाँ अपने स्वार्थों को ही सर्वोपरि मानती हैं और उसी के आधार पर अन्य जातियों के साथ बरताव करती हैं। ये जातियाँ भले ही आपस में मेल-जोल बढ़ाती हैं, मगर ऐसा करने से उनके चरित्र में कोई परिवर्तन नहीं आता। सहयोग का उनका रवैया यांत्रिक होता है।

जिस तरह की वर्ग संरचना है, उसके बारे में व्यावहारिक रूप से कहा जाए तो एक तरफ निरंकुशता, प्रदर्शनप्रियता, अहंकार, आक्रामकता, लालच, स्वार्थ है तो दूसरी तरफ असुरक्षा, दरिद्रता, तिरस्कार, गुलामी और दीनता है। ऐसी स्थिति में स्वाभिमान, स्वतंत्रता, मर्यादा और गरिमा की कल्पना नहीं की जा सकती।

महात्मा आते रहे हैं और महात्मा जाते रहे हैं, लेकिन जो पहले अछूत थे वे आज भी अछूत ही बने हुए हैं।

भारत गाँवों के देश के रूप में जाना जाता है और ग्रामीण व्यवस्था में अछूतों को अलग-थलग रहने के लिए मजबूर करना आसान होता है। गाँव में अछूतों के लिए भेदभाव से बच पाना संभव नहीं होता। चूँकि ग्रामीण व्यवस्था अस्पृश्यता पैदा करती है, इसीलिए इस व्यवस्था को ध्वस्त करना आवश्यक है। अछूत अगर अलग-थलग हैं तो भौगोलिक और क्षेत्रीय रूप से भी उन्हें पृथक् पहचान मिलनी चाहिए। अछूतों के लिए अलग गाँव बसाए जाएँ, जहाँ ऊँच-नीच, स्पृश्य-अस्पृश्य का कोई भेदभाव न रह पाए।

कुछ लोग अछूतों के लिए राजनीतिक अधिकार की माँग का विरोध

कर रहे हैं और इसके लिए बेतुके तर्कों का सहारा ले रहे हैं। देश में जो मीडिया है वह जान-बूझकर अस्पृश्यों के हितों को नजरअंदाज करता रहा है। जब वे उपेक्षा करने में नाकाम रहते हैं तो किसी नेता को खरीद लेते हैं। जब कोई नेता बिकने के लिए तैयार नहीं होता तो वे उसकी तीखी आलोचना शुरू कर देते हैं, उसकी छवि को बिगाड़ना शुरू कर देते हैं, उसका भयादोहन करना शुरू कर देते हैं और उसे दबाने-खामोश कराने के लिए हर तरह के हथकंडों का इस्तेमाल करते हैं। जो भी नेता अस्पृश्यों के हक की लड़ाई लड़ रहा है, उसे राष्ट्र-विरोधी कहकर फटकारा जाता है।

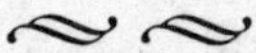

धर्मांतरण कोई खेल नहीं, न तो यह मौज का या मनोरंजन का ही विषय है। यह तो संपूर्ण दलित समाज की जिंदगी और मौत का प्रश्न है; लेकिन जैसे नाविक को अपना जहाज एक बंदरगाह पर ले जाने के लिए जितनी मात्रा में प्रारंभिक तैयारी करनी पड़ती है, उतनी ही प्रारंभिक तैयारी धर्मांतरण के लिए भी करनी पड़ेगी। बगैर इस प्रकार की तैयारी किए एक नया किंतु मानवता से परिपूर्ण जीवन प्राप्त करना कदापि संभव नहीं। नौका में कितने यात्री आने वाले हैं, इसका अंदाज किए बिना नाविक सफर की प्रारंभिक तैयारी नहीं कर सकते। बस, उसी प्रकार की मेरी भी स्थिति है। मेरे लिए धर्मांतरण की प्रारंभिक तैयारी के लिए तब तक जुट जाना संभव नहीं जब तक इस बात का सही अंदाजा न हो कि कितने लोग मेरे साथ धर्मांतरण करेंगे। जब तक हम लोगों द्वारा कहीं-न-कहीं इस प्रश्न पर सोच-विचार के लिए परिषद् का आयोजन नहीं होता तब तक जनमत जानने का अवसर प्राप्त ही नहीं हुआ होता।

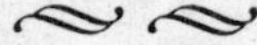

धर्मांतरण का प्रश्न जितना महत्त्वपूर्ण है उतना ही गहन और गंभीर

भी है। यह प्रश्न आम आदमी की बौद्धिक बातों की समझ से कोसों दूर है। उसी प्रकार आम आदमी को धर्मांतरण जैसे प्रश्न को समझा देना भी चाहिए, यह उतनी आसान बात नहीं है। इसके बावजूद जब तक आप सभी लोगों को धर्मांतरण का प्रश्न अच्छी तरह नहीं समझाया जा सकता, तब तक धर्मांतरण को अमल में लाना बहुत ही मुश्किल है, इस बात को मैं अच्छी तरह से जानता हूँ और इसलिए मैं जितनी सरलता से इस प्रश्न का विश्लेषण करूँगा, जितने आसान तरीके से और खुले रूप में आप सब लोगों के सामने रखूँगा, उतना ही आप अच्छी तरह समझ पाएँगे और मैं इसकी पूरी कोशिश करूँगा।

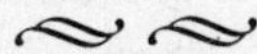

आपके पास धन-बल की बात तो एक तरफ रही, यदि आप पर जुल्म और अन्याय हुआ तो कोर्ट से न्याय और संरक्षण माँगने की हैसियत आपके पास कहाँ है ? आपमें से हजारों-लाखों लोग कोर्ट का खर्चा बरदाश्त करने की हैसियत नहीं होने के कारण सवर्ण हिंदुओं द्वारा होनेवाले अतिक्रमण, रोष और अत्याचार को मुर्दों की तरह बरदाश्त कर रहे हैं। मानसिक बल की तो उससे भी बुरी हालत है।

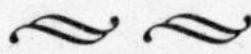

सैकड़ों सालों से सवर्ण हिंदुओं द्वारा हो रहे अत्याचार, धिक्कार मुर्दों की तरह सहन करने के कारण प्रतिकार करने की शक्ति और हिम्मत पूरी तरह से नष्ट हो चुकी है। आप लोगों के आत्मविश्वास, उत्साह और महत्त्वाकांक्षी होने की चेतना का मूलोच्छेद कर दिया गया है। आप सभी लोग निराशा, नाउम्मीद, विपन्न और निस्तेज बना दिए गए हैं, बन चुके हैं। निराशा का वातावरण चारों ओर फैला हुआ है। किसी के दिल-दिमाग में 'हम भी कुछ कर सकते हैं', इस तरह का विचार पैदा ही नहीं हो रहा है और न कोई सोचता है और न किसी में इस तरह के विचार आ सकते हैं।

यह मानना बहुत बड़ी गलती होगी कि अगर अभी पाकिस्तान की माँग को दबा दिया गया तो वह फिर कभी सिर नहीं उठाएगी। मैं यकीन के साथ कह सकता हूँ कि माँग को दबाने से पाकिस्तान का प्रेत पीछा करना नहीं छोड़ेगा।

क्या कोई ऐसी ऐतिहासिक घटना या विरासत है, जिसे लेकर हिंदू और मुसलमान समान रूप से गर्व महसूस करते हों? यही अहम सवाल है, जिसका जवाब हिंदुओं को देना चाहिए, अगर वे हिंदू और मुसलमानों को मिलाकर एक देश बनाना चाहते हैं। अब तक दोनों का रिश्ता सशस्त्र सैन्य टुकड़ियों जैसा रहा है, जो आपस में लड़ती रहती हैं। किसी साझी उपलब्धि में दोनों पक्षों की साझी प्रतियोगिता दिखाई नहीं देती। उनका अतीत शत्रुतापूर्ण रहा है। दोनों के बीच राजनीति के साथ-साथ धार्मिक क्षेत्र में भी टकराव होता रहा है।

इतिहास बताता है कि राष्ट्रीयता का सिद्धांत लोगों की इच्छा की संप्रभुता के जनतांत्रिक सिद्धांत से जुड़ा होता है। इसका मतलब है कि किसी राष्ट्र के निर्माण की माँग करने के लिए किसी तरह की शिकायत जरूरी नहीं होती। इसे तर्कसंगत ठहराने के लिए लोगों की इच्छा ही पर्याप्त होती है।

इसमें कोई संदेह नहीं कि मुसलमान हमलावर हिंदुओं के खिलाफ नफरत की भावना लेकर भारत में आए थे। मगर वे केवल नफरत की भावना साथ लेकर कुछ मंदिरों को नष्ट करके ही वापस नहीं लौट गए

थे। वे केवल नकारात्मक नतीजे ही नहीं चाहते थे। उन्होंने इसलाम के बीज बिखेरकर सकारात्मक कदम भी उठाया था। उस पौधे की वृद्धि अनोखी कही जा सकती है।

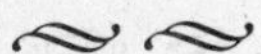

बंगाल और पंजाब के हिंदुओं को विचार करना चाहिए कि वे किस विकल्प को चुनना पसंद करेंगे। मुझे लगता है कि वह समय आ गया है कि बंगाल और पंजाब के सवर्ण हिंदुओं को बता देना चाहिए कि अगर रोजगार के समृद्ध क्षेत्र से वंचित हो जाने के डर से वे पाकिस्तान के निर्माण का विरोध कर रहे हैं तो बहुत बड़ी गलती कर रहे हैं। स्थान और सत्ता पर उनका अब तक जो एकाधिकार था, अब वह कायम नहीं रहनेवाला है। वे राष्ट्रवाद के नाम पर अस्पृश्यों को धोखा दे सकते हैं, मगर मुसलिम प्रांतों में वे मुसलमानों की आँखों में धूल नहीं झोंक सकते; जैसा लिंकन ने कहा था कि 'आप हमेशा लोगों को बेवकूफ नहीं बना सकते।'

बड़ा दुर्भाग्य है कि अभी तक हम पुस्तकालय का मूल्य नहीं समझ पाए हैं, जबकि यह समाज की उन्नति और प्रगति की संस्था होती है। उसकी अच्छाइयों को विस्तार से बताने के लिए यह जगह नहीं है। बंबई के प्रबुद्ध जनसाधारण एक अच्छे पुस्तकालय के लिए लंबे समय से तरस रहे हैं। इसमें निराश होने जैसी कोई बात नहीं, समय से पहले सुधार करना अच्छा रहता है।

बंबई में कुछ निजी पुस्तकालय हैं, जो कुछ लोगों द्वारा व्यक्तिगत रूप से चलाए जा रहे हैं। यदि वे अव्यवस्थित संस्थाएँ सर पी.एम. मेहता स्मारक फंड से उनके नाम से एक ही इमारत में लामबंद हो जाएँ तो बंबई

शहर इन दोनों उद्‌देश्यों को प्राप्त कर लेगा। जहाँ तक किताबें खरीदने के लिए फंड और आधुनिक प्रबंधन का सवाल है, मुझे विश्वास है कि यहाँ के लोग उदारता से दान दे देंगे।

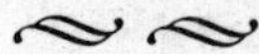

मैं अमेरिका के बड़े विश्वविद्यालयों में से एक का विद्यार्थी होने के नाते यह विश्वास करता हूँ कि पुस्तकालय एक ऐसी जगह होती है, जहाँ लोगों के बौद्धिक एवं सामाजिक विकास और प्रतिभा में वृद्धि होती है। मुझे बड़े दुःख के साथ यह कहना पड़ रहा है कि बंबई शहर में इसकी कमी है। अतः इस सुअवसर का लाभ उठाते हुए मैं बंबई की जनता से प्रार्थना कर रहा हूँ कि आधुनिक भारत के इस महानायक का सुव्यवस्थित एवं स्थायी स्मारक बनाने का पुण्य कार्य करें।

अगर राजनीतिक दल अपने निहित स्वार्थों के कारण इस मसले पर ध्यान नहीं देंगे तो समय के साथ लोग स्वयं इस बात का ध्यान रखने लगेंगे। लोग ऐसे किसी भी व्यक्ति को इस सदन में प्रवेश की अनुमति नहीं देंगे, जो इस सदन में बैठकर अपने दायित्वों का सही ढंग से निर्वाह न कर सके, न ही वे उसे दुबारा वापस ही आने देंगे। वे परिणाम चाहते हैं। वे चाहते हैं कि उनकी समस्याओं पर ध्यान दिया जाए और मुझे पूरा विश्वास है कि वे यह लक्ष्य तभी प्राप्त कर सकेंगे जब वे अच्छे लोगों को ही इस सदन में भेजेंगे।

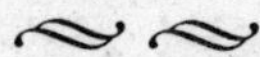

मेरा मानना है कि कोई संविधान कितना भी अच्छा क्यों न हो, वह एक बुरे संविधान में निश्चय ही बदला जा सकता है। यदि इसका प्रयोग अच्छे ढंग से किया जाए तो यह संविधान अच्छा साबित हो सकता है।

संविधान की कार्य-प्रणाली संविधान की प्रकृति पर ही पूर्णतः निर्भर नहीं होती। संविधान किसी राष्ट्र को विधायिका, कार्यपालिका और न्यायपालिका जैसे अंग ही दे सकता है। राष्ट्र के ये अंग किस प्रकार कार्य करते हैं, यह उन लोगों तथा राजनीतिक दलों पर निर्भर है, जो लोगों की इच्छाओं तथा नीतियों के कार्यान्वयन हेतु सत्ता में हैं, जो लोगों की इच्छाओं तथा नीतियों के कार्यान्वयन हेतु सत्ता में रहकर कार्य करते हैं। कौन कह सकता है कि भारत के लोग तथा उनके राजनीतिक दल किस प्रकार भविष्य में कार्य करेंगे? क्या वे अपने उद्देश्यों की पूर्ति के लिए संवैधानिक तरीकों का इस्तेमाल करेंगे या वे क्रांतिकारी तौर-तरीकों को पसंद करेंगे? संविधान के अच्छे होने से इस बात पर कोई असर नहीं पड़नेवाला। लोगों तथा उनके दलों की भावी भूमिका के विषय में जाने बिना संविधान के विषय में कोई भी धारणा बनाना निरर्थक होगा।

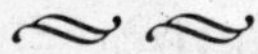

इस संघीय राज्य में अनेक छेद हैं और ये दरक सकते हैं। हम अपने समाज में दरारें डाल रहे हैं। हममें एकता नहीं है। हममें एकता न होने के कारण यह पूरी संरचना कभी भी बिखर सकती है। अतः हमें समय रहते इसे बिखरने से बचाने के लिए कुछ कदम उठाने चाहिए। मैंने सुझाव दिया था कि उत्तरी प्रांतों को छोटे-छोटे क्षेत्रों में बाँटकर छोटा कर दिया जाए, ताकि दक्षिण भारत के लोग किसी प्रकार के भारी दबाव का अनुभव न करें। मेरा यह भी सुझाव था कि इसका एक अन्य समाधान है इस देश की दो राजधानियाँ बनाया जाना। मेरा सुझाव है कि हैदराबाद को भारत की दूसरी राजधानी बनाया जाना चाहिए।

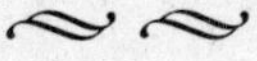

जब देश का विभाजन हो रहा था, तब मैंने सोचा था कि ईश्वर अपने शाप को वापस ले रहे हैं तथा भारत को अब एक महान् व समृद्ध

देश बनाएँगे, किंतु मुझे भय है कि शाप दोबारा भी वापस आ सकता है, क्योंकि मैं देख रहा हूँ कि जो भाषाई आधार पर राज्यों के गठन की वकालत कर रहे हैं, वे दिल से अपनी क्षेत्रीय भाषाओं को उन राज्यों की राजभाषा बनाना चाहते हैं। यह विचार अखंड भारत के आदर्श के लिए मौत की घंटी के समान है। क्षेत्रीय भाषाओं की राजभाषाएँ बनाने से भारत को अखंड राष्ट्र बनाने और भारतीयों में पहले भारतीय होने की भावना जगाने की धारणा नष्ट हो जाएगी।

राष्ट्रीय तथा सामाजिक संस्था के रूप में जाति के विषय में कोई भी दृष्टिकोण अपनाया जाए, परंतु इसकी उपेक्षा कर पाना संभव नहीं है और जब तक जाति किसी व्यक्ति की सरकारी अथवा सामाजिक पहचान के लिए प्रयुक्त की जाती रहेगी, तब तक यह दावा नहीं किया जा सकता है कि अवांछित संस्था को स्थायी बनाने में दशकीय गणना सहायक सिद्ध होती है।

यदि ग्राम पंचायतें अस्तित्व में आती हैं तो इनमें अल्पसंख्यकों के लिए विशेष प्रतिनिधित्व दिया जाना जरूरी है। इसी प्रकार इनमें किसी भी कीमत पर दलित जातियों के लिए विशेष प्रतिनिधित्व होना चाहिए।

इस सदन में एक ऐसा वर्ग है, जो एकदम से उछल पड़ेगा और कहेगा कि यह सांप्रदायिकता है। मैं स्वीकार करता हूँ कि मेरी नीति सांप्रदायिक है। मैं इससे शर्मिंदा नहीं होता। मैं तो कहूँगा कि सांप्रदायिकता के बगैर भारत राजनीतिक प्रगति के रास्ते पर आगे नहीं बढ़ सकता। सांप्रदायिकता के बिना भारत में कोई अपनी सरकार नहीं हो सकती। यह वह बात है, जिसे मैं चुनौती के भय के बगैर स्पष्ट रूप से कह सकता हूँ।

मैं मानता हूँ कि मतदाताओं को सूचना देना राजनीतिक जीवन तथा पार्टी के जीवन का एक सामान्य सिद्धांत है। प्रत्येक पार्टी को कुछ कार्य करने के लिए जनादेश मिलता है। जनादेश के बगैर एक पार्टी कुछ भी नहीं कर सकती। प्राय: मतदाताओं को धोखे में नहीं रख सकते तथा आप निर्वाचित होकर आए हैं और आपके पास संविधान को संशोधित करने का पूरा अधिकार है, आप यह नहीं सोच सकते। यही वह कार्य है, जो हमारी सरकार कर रही है। मात्र इसलिए क्योंकि उसके पास बहुमत है और वे सोचते हैं कि उनके पास न सिर्फ किसी भी उस कानून को बनाने की ताकत है, जिसके माध्यम से वे सत्ता प्राप्त कर चुके हैं, बल्कि मात्र निर्वाचित हो जाने से ही वे संविधान को बदलने की ताकत भी रखते हैं। उन्हें अब अपने कृत्यों के विषय में जनता को सूचित करने की भी आवश्यकता नहीं रह गई है, यहाँ तक कि उन्हें संविधान का संशोधन करते समय भी किसी को सूचित करने की जरूरत नहीं है।

क्या संविधान किसी साधारण कानून से किसी भी प्रकार भिन्न नहीं है? क्या यह कागज का टुकड़ा मात्र है, जो किसी व्यक्ति के चाहने मात्र से संशोधित किया जा सकता है? मराठी में एक कहावत है, जिसमें हम कहते हैं कि यदि कोई बूढ़ी स्त्री मरती है तो इससे अधिक प्रभाव नहीं पड़ता; मगर हमें डर लगने लगता है कि कहीं यम देवता बार-बार यहाँ आने के आदी न हो जाएँ और हम यम देव का बार-बार आना रोकना चाहने लगते हैं। इससे कोई फर्क नहीं पड़ता कि बूढ़ी महिला मरी है या यमदेव उसे झपट्टा मारकर ले गए हैं। यही वह बात है जो यहाँ पर हो रही है तथा मैं यह देख रहा हूँ कि सरकार के मन में संविधान के लिए बहुत कम सम्मान शेष बचा है और उसमें संविधान की अवमानना करने

का भाव जाग्रत् होता जा रहा है।

जो व्यक्ति संविधान से संतुष्ट नहीं हैं, उन्हें मात्र दो-तिहाई बहुमत लाने की आवश्यकता है और यदि वे वयस्क मताधिकार के आधार पर दो-तिहाई बहुमत नहीं ला पा रहे हैं तो यह माना जाएगा कि संविधान के प्रति उनकी असंतुष्टि को साधारण जनता का समर्थन हासिल नहीं है।

एक बुद्धिजीवी व्यक्ति एक अच्छा व्यक्ति हो सकता है, किंतु वह आसानी से एक धूर्त व्यक्ति में भी परिवर्तित हो सकता है। इसी प्रकार एक बुद्धिजीवी वर्ग ऐसी उच्च कोटि की आत्माओं का समूह हो सकता है, जो सहायता करने के लिए सदैव तैयार रहते हों, मानवता के कष्टों को दूर करने के लिए तत्पर रहते हों अथवा वे सरलतापूर्वक ठगों के गिरोह हो सकते हैं या संकीर्ण विचारों के लोगों का गुट हो सकते हैं, जिनसे उन्हें समर्थन मिलता हो।

शूद्र कौन थे और वे प्राचीन आर्यों के समाज का चौथा वर्ग क्यों और कैसे बने? संक्षेप में मेरा उत्तर इस प्रकार है—

(1) शूद्र आर्यों की जातियों में सूर्यवंशीय हैं।

(2) एक समय था, जब आर्यों में केवल तीन ही वर्ण थे—ब्राह्मण, क्षत्रिय और वैश्य।

(3) शूद्रों का प्रथम वर्ण न था। वे आर्यों के द्वितीय वर्ण—क्षत्रिय वर्ण—के ही एक अंग थे।

(4) शूद्र राजाओं और ब्राह्मणों में निरंतर संघर्ष चला और ब्राह्मणों को शूद्रों के बीभत्स अत्याचार सहने पड़े।

(5) शूद्रों के दमन से आक्रांत ब्राह्मणों ने घृणावश शूद्रों का उपनयन बंद कर दिया।

(6) उपनयन-विरोध से शूद्रों का सामाजिक पराभव हुआ। वे सामाजिक स्तर पर इतने पतित हुए कि उन्हें वैश्यों से भी नीचे एक और वर्ण चौथा वर्ण बनाना पड़ा।

आज का हिंदू समाज पाँच श्रेणियों में विभाजित है। पहला वर्ग पुरातनपंथी लोगों का है, जो हिंदू सामाजिक प्रणाली में कोई दोष नहीं मानते। दूसरा वर्ग आर्य समाजियों का है। वे वेदों में विश्वास व्यक्त करते हैं और किसी ऐसी बात को नहीं मानते, जो वेद-निहित नहीं है। तीसरा वर्ग इस व्यवस्था को मृतप्राय कहता है, क्योंकि कानून उसे मान्यता नहीं देता। चौथा वर्ग राजनेताओं का है—वे इन सब बातों से उदासीन हैं। उनके लिए सामाजिक व्यवस्था में सुधार से भी अधिक महत्त्व सुधार का है। पाँचवाँ वर्ग शांत चिंतकों का है, जो सामाजिक सुधार को समाज से भी अधिक महत्त्वपूर्ण मानता है।

'कानून वर्ण-व्यवस्था को नहीं मानता' का गलत अर्थ नहीं लगाना चाहिए। संक्षेप में कहा जा सकता है—

(1) इसका अर्थ यह नहीं कि जाति-व्यवस्था को मानना अपराध है।

(2) इसका अर्थ यह नहीं है कि वर्ण-व्यवस्था समाप्त हो गई है।

(3) इसका अर्थ यह भी नहीं कि नागरिकों के अधिकारों की प्राप्ति के निमित्त किसी का वर्ण-निर्धारण आवश्यक होने पर ऐसा निर्णय नहीं किया जाएगा।

(4) इसका अर्थ केवल यह है कि कानून जाति-व्यवस्था को मान्यता प्रदान नहीं करता।

सामाजिक संगठन कानून के बल पर नहीं चलते, कुछ अन्य बातों के बल पर चला करते हैं। इनमें सामाजिक व धार्मिक बल प्रमुख हैं। वर्ण-व्यवस्था धार्मिक आधार पर आधारित है और यही कारण है कि हिंदुओं का सामाजिक बल इसका साथ देता है। वैधानिक निषेध न होने के कारण ही धार्मिक मान्यता के बल पर जाति-वर्ण-व्यवस्था फलती-फूलती रही है। इसका सबसे पुष्ट प्रमाण यह ही है कि शूद्रों और अछूतों की स्थिति आज भी पहले जैसी ही है।

हिंदू समाज का एकमात्र वर्ग सामाजिक सुधारों की अनिवार्यता को मानता है। उनके विचार से, इस समस्या के समाधान में एक लंबा समय और अनेक पीढ़ियों का प्रयास अपेक्षित है। इसीलिए इसका अनुसंधान स्थगित करना अनुचित है। एक उत्साही हिंदू राजनीतिज्ञ भी यह मानता है कि सामाजिक संकीर्णता हर मोड़ पर संकट खड़ा कर देती है। ये कठिनाइयाँ सामाजिक न होकर हर क्षण की कठिनाइयाँ हैं। मुझे प्रसन्नता है कि हिंदू समाज में एक ऐसा भी वर्ग है। यद्यपि ऐसे लोगों की संख्या कम ही होगी, फिर भी मैं अपना पक्ष उन्हीं के समक्ष प्रस्तुत करता हूँ।

यह कहा जा सकता है कि मैंने हिंदू धर्म ग्रंथों को अपेक्षित सम्मान नहीं दिया। इसके दो कारण हैं। प्रथम तो यह कि मैंने इतिहासवेत्ता की दृष्टि से गवेषणा की है। इतिहासवेत्ता सत्य की खोज के लिए धार्मिक ग्रंथों एवं इतर ग्रंथों में कोई भेदभाव नहीं करता। उसका मुख्य ध्येय तो सत्य की खोज रहता है। इस कार्य में मैं हिंदू ग्रंथों के प्रति सम्मान प्रदर्शित नहीं कर सका तो वह सत्य है। दूसरी बात यह है कि धार्मिक

ग्रंथों में श्रद्धा कराई नहीं जाती, वह तो स्वाभाविक स्थितियों में स्वयं पनपती या भंग होती है।

मैं 'महाभारत' के चालीसवें अध्याय के 'शांतिपर्व' के रचनाकार का आभारी हूँ। हालाँकि यह कहना कठिन है कि वह कौन था—व्यास, वैशंपायन, सूत, लोमहर्ष अथवा भृगु। इनमें से कोई भी क्यों न हो, उसने वैजवन का पूर्ण वृत्तांत देकर अनुग्रह ही किया है। यदि वह वैजवन को शूद्र न कहता तो शूद्रों के उद्‌भव का मूल स्रोत ही विलुप्त हो जाता। भावी पीढ़ी के लिए इतनी महत्त्वपूर्ण सूचना सामग्री को सुरक्षित रखे जानेवाले रचनाकार का यह अपार उपकार है।

यह सभी जानते हैं कि 'शूद्र' भारतीय हिंदू समाज का चौथा वर्ण है; किंतु किसी ने यह जानने का प्रयास नहीं किया कि शूद्र कौन थे और वे हिंदू समाज के चतुर्थ वर्ण कैसे बन गए? यह एक महत्त्वपूर्ण प्रश्न है। यह जानना अत्यंत आवश्यक है कि वे समाज की विकास परंपरा अथवा किसी परिवर्तन के फलस्वरूप समाज का चौथा वर्ण बन गए या बनाए गए।

शूद्रों की खोज के लिए हमें सर्वप्रथम भारतीय आर्यसमाज की चातुर्वर्ण्य व्यवस्था की जानकारी प्राप्त कर लेना आवश्यक है। चातुर्वर्ण्य की व्यवस्था की जानकारी हमें 'ऋग्वेद' के दसवें मंडल के 90वें मंत्र 'पुरुष-सूक्त' से मिलती है। मंत्र में कहा गया है—

(1) पुरुष के सहस्र सिर, सहस्र नेत्र और सहस्र पैर हैं। संपूर्ण ब्रह्मांड उसने दस अंगुल से आच्छादित किया हुआ है।

(2) पुरुष स्वयं ही ब्रह्मांड है—जो हो गया है और जो भवितव्य है। वह अमरत्व का स्वामी है और भोजन से वृद्धि पाता है।

(3) यह उसकी महानता है। पुरुष उससे भी उत्तम है। समस्त ब्रह्मांड उसका चतुर्थांश है। शेष तीन-चौथाई शून्य में अमर हैं।

(4) तीन-चौथाई के साथ पुरुष ऊपर चढ़ा। उसका एक चतुर्थांश यहाँ उत्पन्न हुआ। उसने विस्तृत रूप धारण कर खाद्य-अखाद्य सभी पदार्थों को आच्छादित कर लिया।

(5) उससे वीर्य उत्पन्न हुआ और वीर्य से उत्पन्न पुरुष संपूर्ण पृथ्वी पर फैल गया।

(6) जब देवताओं ने पुरुष की बलि से यज्ञ किया तो वसंत का घृत बना, ग्रीष्म की लकड़ी और पतझड़ की समिधा।

(7) पुरुष का दूर्वा घास पर वध किया गया, जिससे देवताओं, साध्यों और ऋषियों ने यज्ञ किया।

(8) इस विश्व यज्ञ से दही और घी बना, जंगली और पालतू पशु पैदा हुए।

(9) उस यज्ञ से ऋक् और साम की ऋचाएँ, छंद और यजुर्वेद के मंत्र पैदा हुए।

(10) उससे घोड़े, दोनों ओर दाँतवाले पशु, गाय, बकरी और भेड़ पैदा हुए।

(11) जब देवों ने पुरुष का विभाजन किया, उसे कितने भागों में बाँटा? उसका मुख क्या था? बाँह क्या थे? पैर क्या थे?

(12) ब्राह्मण उसका मुख, क्षत्रिय बाहु, वैश्य और शूद्र उसके पैरों से उत्पन्न हुए।

□□□